GÜTERSLOHER
VERLAGSHAUS

In Erinnerung an Hellmuth Karasek

PETER UFER

Deutschland einig Lachland

EIN HUMORISTISCHER REISEFÜHRER

GÜTERSLOHER VERLAGSHAUS

Bibliografische Information der Deutschen Nationalbibliothek

Die Deutsche Nationalbibliothek verzeichnet diese Publikation in der Deutschen Nationalbibliografie; detaillierte bibliografische Daten sind im Internet über https://portal.dnb.de abrufbar.

MIX
Papier aus verantwortungsvollen Quellen
FSC® C083411
FSC
www.fsc.org

Verlagsgruppe Random House FSC® N001967
Das für dieses Buch verwendete FSC®-zertifizierte
Papier *Munken Premium Cream* liefert
Arctic Paper Munkedals AB, Schweden.

1. Auflage

Coverfoto: © moremari / fotolia.com
Druck und Einband: CPI books GmbH, Leck
Printed in Germany
ISBN 978-3-579-07081-0

www.gtvh.de

Inhalt

1 Deutschland macht lustig
Von Witzwort über Sülz zur Kichererbsenalm 7

Der Karikaturist Til Mette
Wir haben schon mal einen Juden im Keller versteckt 22

Deutsches Phänomen 1
Das Design bestimmt das Bewusstsein 27

2 Die lachende Mitte
Von Witzenhausen über Ebergötzen bis Hannover 31

Der Karikaturist Nel
Tägliche Verzweiflung 46

Deutsches Phänomen 2
Nachricht von Spam 51

3 Heiter bis tödlich am Humornordpol
Von Husum bis HH-Altona und dann noch Eppendorf 55

Deutsches Phänomen 3
Handicare Gemino 70

4 Tief im Westen mit ohne Zölibat
Von Frechen nach Köln und dann Alaaf 74

Die Karikaturistin Petra Kaster
Gruppenweise in den Untergang 90

Deutsches Phänomen 4
Das Ende der Hängelampe 94

5 Grandln und frotzln mit Gaudi
Von München zum Wörtersee bis München 98

Der Karikaturist Rudi Hurzlmeier
Der Zwang zur Lederhose 114

Deutsches Phänomen 5
Skandal im Deutschgebiet 119

6 Preußen gibt es nur noch zum Lachen
Entdeckungen in der Gegend des Flachlandhumors 123

Deutsches Phänomen 6
Klagen eines bayerischen Gärtners 142

7 Forhonebibeln könn mor uns alleene
Tief in Sachsen, wo die schönen Kalauer wachsen 145

Der Karikaturist Beck
Der bestellte Witz 163

Deutsches Phänomen 7
Ein Königreich für einen Grill 168

8 Die Vertreibung aus der Hölle
Calau, Saarland und der letzte Ulkrest 172

Deutsches Phänomen 8
Puppe auf der Autobahn 185

Serviceteil 189

KAPITEL 1

Deutschland macht lustig

Von Witzwort über Sülz zur Kichererbsenalm

Es geht los. Gleich früh am Morgen. Denn hier geht die Wonne auf. Immer die Seitenstraßen entlang durch das Land des Lächelns. Deutschland macht lustig. So wie sauer. 16 Bundesländer voller Witzfiguren und Spaßnester. Lächerlich schön.
Es gibt Ecken, wo sich Reinecke Fuchs und Hans Wurst – der ältere Bruder von Conchita – gute Nacht wünschen. Es existieren Plätze, wo Münchhausen mit Hape Kerkeling den Schildbürger an der Nase herumführt, Wiesen, wo Karl Valentin mit Heinz Erhardt übers Völkischsein lästert. Irgendwo schaut Hans Sachs um die Ecke, und in Kabaretts stellen sich grundgesetzliche Fragen. Nebenan veranstalten Abdelkarim, Jilet Ayse und Freunde voll krass den Migrantenstadl. Wir sehen Kanäle, wo Oliver Welke mit Olaf Schubert Satire ausschüttet und Stadien, in denen Mario Barth Cindy aus Marzahn vorführt. Und beim nächstbesten Oktoberfest haut der Spießer den Lukas, bis Dieter Nuhr Stunden später der Geduldsfaden reißt. Herzlich willkommen im deutschen Lachland, das sich einig ist: Wir sind *ein* Witz. Und das ist gut so. Die Deutschen pflegen ihr nationales Humorgut. Aber jeder Witz ist anders. Der Kölner sagt: »Jet jeck sin mer all, ävver jeder Jeck es anders.«
Die Scherzfahrt geht Zickzack von der Pointe am Stammtisch nach Witzwort, Zinnowitz zur Hamburger Philharmonie im Norden über Jux bei Wüstenrot, Heitersheim im Breisgau,

Köln bei Sülz, Alberndorf in Mittelfranken, den Flughafen in Berlin, Possendorf in Sachsen, bis nach Lachen in Schwaben und die Kichererbsenalm am Tegernsee. Ein Schelmenstaat mit geografischen Spitzen.

Wie nennt man einen Lüneburger, der aus der Kirche austritt? Lüneburger Heide.
Was ist schlimmer als verlieren? Siegen.
Was macht ein Schwabe mit einer Kerze vor dem Spiegel? Er feiert den zweiten Advent.
Wohin gehören die Pfälzer? In die Pfalz.
Wohin gehören die Saarländer? In die Saar.
Wie heißt die Starthilfe eines Flüchtlings in Deutschland? Mobbing.

Deutschland komisch Vaterland. Das schafft sich nicht ab, das lacht sich schlapp. Hier wächst seit Jahren eine lässige Mittelschicht, ökologisch-konservativ, offen und stolz auf dieses weltmeisterliche Land mit seinen vielen Fehlern, die mal stören und mal nicht, aber vorwärts treiben. Jeder Zweite feixt sich hier schon vor dem zweiten Frühstück ins Fäustchen.

Als Obama zu Besuch in Berlin war, erzählten sich plötzlich alle, er hätte bei seiner Rede einen unvergesslichen ersten Satz zu den Deutschen gesagt: »Ich kenne euch doch alle!« Während seines Besuches kam ein Junge auf ihn zu und fragte Obama: »Mister, mein Vater hat gesagt, Du bist der Mann, der immer in meinem Computer steckt, stimmt das?« Obama reagierte sofort und sagte zu dem Jungen: »Das ist nicht Dein Vater.«

Immer wird ein anderer durchs deutsche Dorf getrieben. Die Russen sind ab und zu mal dran. Diesmal heißt der Gejagte Putin der Jäger. Und da erzählt der eine Deutsche dem anderen:

In Moskau ist ein Stau. Ein Mann steht mittendrin, plötzlich klopft ein Fremder an seine Autoscheibe und sagt: »Ganz Moskau ist zu, überall Stau, denn unser Präsident Putin ist von Terroristen entführt worden. Sie wollen ihn heute Abend mit Benzin übergießen und anzünden, wenn sie nicht zehn Millionen Rubel bekommen. Also geben Sie so viel sie können«, fordert der Fremde den Autofahrer auf. Der antwortet: »In Ordnung. Ich kann Ihnen zehn Kanister geben.«

Allein die Schadenfreude ist in Deutschland einzigartig auf der Welt. Schon der Philosoph Thomas Hobbes glaubte, dass die Essenz des Humors im »plötzlichen Triumph« liege, den Menschen fühlen, wenn andere zum Gespött werden. Engländer benutzen dasselbe Wort, weil sie keinen eigenen Begriff für Schadenfreude haben. Sie schimpfen nur, die Deutschen seien ein Volk von paranoiden Schizophrenikern, die sich nicht entscheiden können, ob sie schmunzeln oder weinen wollen. Das sagen die Briten? Natürlich. Der Deutschlandkorrespondent der Londoner »Times« Roger Boyes beispielsweise pflegt in seinen Texten und Büchern gern das gängige Vorurteil des depressiven Deutschen, der himmelhochjauchzend zu Tode betrübt sei. Der Engländer glaubt, die Deutschen seien ein mieser Scherz. So wie die vier hier:

Wie nennen Hamburger ein China-Restaurant? Denn man Tau.
In Köln fragt der Chef die Sekretärin: »Un, wat steit dies Woch om Kalender?« Sie: »Mondaach, Dingsdaach, Mettwoch ...«
Was trieben Schlangen einst in Sachsen? Es dlabberdn die Dlabborschlang bis ihre Dlabborn schlabbor dlang.
Was ist grün und steht in München am Straßenrand? Die Froschtituierte.

Das ist lustig, aber ohne Erkenntnis. Der Oberbayer, geboren in Dorfen, Michael Mittermeier sagt dazu: »Für Komik gibt es letztlich nur ein Kriterium: Lustig oder nicht lustig. Punkt. Die Frage, ob das politisch korrekt ist oder ob man unter seinem Niveau lacht, wird nicht gestellt, sondern es wird gelacht oder nicht. Wenn Sie Langeweile haben wollen, da können Sie auch ihre Schwiegermutter anrufen.«
Das passiert jetzt nicht. Aber die Scherzreise führt natürlich auch durch Bayern, denn es gehört ja noch zu Deutschland. Da kommt keiner dran vorbei, der gern nach Italien will. Und da herrscht Schmarrn. Der Münchner Autor Herbert Schneider packte den Gemütszustand in folgende Zeilen:

Unta'm Baam liegn
Und in Himmi schaugn
Is des Scheenste.

D 'Vogerl singa
Und d 'Woikn
Fahrn Schifferl.

Und an des bisserl
Rheumatisch
Gwöhnst de.

Die Engländer und Franzosen glauben nach wie vor, des Deutschen Scherz sei Schmerz, sie leiden und würden selbst in den Bergen nur flachen Humor kennen. Deshalb erzählen sie sich seit Jahren den kürzesten Witz über die Deutschen: »Lachen zwei Deutsche.« Dann holen die Engländer einen ganz alten Gag aus der Witzkiste:

Der Engländer schreibt über die Kunst, Elefanten zu jagen; der Franzose über das Liebesleben der Elefanten; der Deutsche über das Seelenleben des Dickhäuters ...

Oder die Franzosen nehmen das alte Ding mit dem Eins-zwei-drei-Schema:

> Ein Ungar: ein Held, zwei Ungarn: ein Adelsverband, drei Ungarn: eine Zigeunerkapelle ... Ein Russe: ein Seelchen, zwei Russen: ein Chor, drei Russen: ein Chaos ... Ein Franzose: ein Kavalier, zwei Franzosen: ein Duell, drei Franzosen: eine glückliche Ehe. Ein Deutscher: ein Philosoph, zwei Deutsche: ein Verein, drei Deutsche: ein Krieg.

Und heute erzählen Engländer und Franzosen gern den Witz:

> Sitzen ein Portugiese, ein Italiener und ein Grieche im Restaurant. Sie essen, trinken und lassen es sich gut gehen. Wer zahlt am Ende? Der Deutsche.

Klar, darüber brechen die anderen in Gelächter aus und haben Tränen in den Augen. Der Portugiese feixt, der Italiener schmunzelt, der Grieche grinst. Der Deutsche zieht eine Fleppe. So lautet die klassische Mentalitäts-Hierarchie der Zentral-Europäer. Das beruht auf Geschichte. Denn spätestens seit die Deutschen mit einem Zweiten Weltkrieg den anderen Völkern auf den Geist und ans Leben gingen, wurde es ernst. Die Deutschen litten Jahrzehnte am Grübelvirus »Warum« und die Heilung brauchte ihre Zeit. Deshalb dachten die Engländer beim Besuch einer deutschen Stadt lange, hier wäre gerade ein Attentat verübt worden, denn es sahen alle so traurig aus. Sie sahen nicht traurig aus, sie sahen nur den Engländer.
Deutsche und Engländer verbindet seit Jahren die Tatsache, dass sie drei Kriege gegeneinander ausgefochten haben, die die Engländer alle gewannen: 1914-18, 1939-45 und 1966 in Wembley. Der Brite kann es aber nicht ertragen, dass die Verlierer von '45 nach 70 Jahren schon wieder grienen und Weltmeis-

ter sind. Spaß beiseite, ruft er. Und der Deutsche denkt, das ist Schnee von gestern. Wir sind längst aufgetaut.

Ein Deutscher und ein Engländer spielen Schiffe versenken. Der Engländer: »D2!« Der Deutsche: »Versenkt!«

Er findet das lustig. Der Engländer aber pflegt sein deutsches Trauerklosbild so, wie kurz nach dem Krieg die Glasaugen-Witze rumgingen:

Der deutsche Arzt sagt zum Franzosen: »Ich will sie kostenlos behandeln, wenn Sie erraten, welches von meinen beiden Augen ein Glasauge ist.« Der französische Patient: »Das linke«. Der deutsche Arzt: »Gut, ich verzichte auf das Honorar. Aber wie haben Sie es herausgefunden?« Der Franzose: »Es schaut so menschlich.«

Im Dritten Reich erzählte man sich in Deutschland den gleichen Witz in scharfer Form: Der Arzt hatte sich in einen SS-Mann verwandelt, der Patient in einen Juden, der – falls er das Glasauge errät – nicht erschossen werden soll. Er errät es mühelos. »Es schaut so menschlich, Herr SS-Offizier.«
So etwas erzählt keiner mehr, darüber ging die Zeit hinweg. Doch dass deutsche Unangepasste am liebsten auf hohem intellektuellem Niveau schänden möchten, blieb als Vorurteil weiter haften. Und mit Ironie könne der Deutsche immer noch nichts anfangen, insbesondere mit Selbstironie. Bei seinem Urteil helfen dem Briten die hängenden Kanzlerinnen-Mundwinkel. Dort verreckt sogar ein englischer Gag. Dabei ist die Dame gelegentlich freiwillig komisch.
Nach dem Flugzeugabsturz von Lech Katschinski in Smolensk sagte sie nach dem Tod des polnischen Ministerpräsidenten:

> Lech Katschinski war nicht immer ein einfacher Partner. Aber zum Schluss hat sich immer eine Lösung gefunden.

Oder:

> Wir sind jetzt gerade im Sommer der Entscheidungen. Und dann kommen der Herbst und dann der Winter der Entscheidungen. Jetzt kommen überhaupt nur noch Entscheidungen.

Legendär der abgehörte Satz:

> Das Internet ist für uns alle Neuland.

Und der lustigste Satz seit Erfindung der Merkel:

> Diese Bundesregierung ist die erfolgreichste Bundesregierung seit der Wiedervereinigung.

Das gibt den erfolgreichsten Comedy-Preis seit Erfindung des Comedy-Preises. Merkel fühlt sich ausgezeichnet und hält sich den Bauch hinter den Kostümknöpfen, wenn sie die sieben Zwerge beim Gipfel trifft. Scherzkeks Boyes lässt sich dennoch nicht beirren und rät den Deutschen, dem Humor abzuschwören und ihn lieber zu importieren. England baue schließlich auch keine Autos mehr. Dafür basteln sie Serien mit übergewichtigen Schwulen, die Darmstadt für die Hauptstadt Deutschlands halten und nennen sich Little Britain. »Aber ja, aber nein, aber ja, aber nein.« Jetzt sinkt für Sie das Niveau. Holen Sie es bitte nicht wieder hoch, denn jede Debatte darüber bleibt bloße Geschmackssache.
Auf der Weltkarte des Humors gilt Deutschland indes weiterhin als scherzfreie Zone. Wer das beweisen will, der reist

immer den Trauerweidenweg entlang in die germanischen Kleinöden nach Bösgesäß, Dormagen, Elend, Galgen, Güllesheim, Hetzdorf, Jucken, Kuhfraß, Langweiler, Nothweiler, Wolfenbüttel, Streit, Todesfelde oder Zanken. Wer dort war, muss nichts mehr fürchten. Wie sagt der Dichter:

> Und treffen wir uns nicht in dieser Welt,
> so treffen wir uns in Bielefeld.

Wo bitte? Die schöne alte Verschwörungstheorie, dass es Bielefeld gar nicht gibt, schmeckt dem Ostwestfalen zwar wie ein dauergekauter Kaugummi, aber es hört einfach nicht auf. Denn immer wenn einer meint, dass es eine Verschwörungstheorie sei, dann ist er ganz nah dran an der Wahrheit. Heute-Show-Moderator Oliver Welke behauptet mit dreister Permanenz, 1966 das Licht von Bielefeld erblickt zu haben. Genau wie Lück, Ingolf. Aber wer bitte war gleich nochmal Ingolf Lück? Kaum einer kennt einen, der einen kennt, der schon mal in Bielefeld war. Überlebende der Stadt, die keiner vermisst, nehmen das jedoch nicht ernst, sondern drehten kürzlich einen Thriller über die Bielefeld-Verschwörung und sollen sich totgelacht haben. Der Running Gag läuft und läuft und läuft. Bielefeld ein Friedhof, ein Landeplatz für Außerirdische, deutsche Folklore, um CIA und Mossad zu verwirren. Es funktioniert.

Geheimdienste verbreiten weiterhin die Meinung, deutscher Humor sei, wenn man trotzdem nicht lacht. Dieser schöne Satz stammt nicht mehr von Boyes, sondern von dem deutschen Schriftsteller Sigismund von Radecki. Er bringt es lachhaft auf den Tränensack und alle schreiben seit Jahren von ihm ab. Noch einen Satz zum Abschreiben? Klar: Deutscher Humor ist ein echter Schlankmacher, man muss meilenweit laufen, bis man ihn trifft. Wow. Ein echter Knaller, diesmal von

Dieter Hallervorden, der es eigentlich besser wissen müsste. Denn dass der Deutsche angeblich keinen Humor hat, ist ein Witz.

Der Humor fängt dort an, wo der Spaß aufhört, gleich hinter den deutschen Tabuzonen. Bergwitz, Caaschwitz, Freudenstadt, Gaggenau, Großerlach, Heiterer Blick, Illerich, Jeckenbach, Spöttl oder Schalkmühle zeigen schon im Namen, wo es langgeht. Die Provinz schreibt köstliche Geschichten.

> Zwei Männer stehen in ihrem kleinen Ort vor dem Friedhof. Da fragt der eine zu dem anderen: »Gehst Du zur Beerdigung vom Lehmann?« Sagt der andere: »Warum sollte ich, glaubst Du vielleicht, er kommt zu meiner?«

Das mit dem Traurigsein ist ideal. Denn der beste Witz entsteht aus der Tragik des Lebens. Wer gestern kurz vor dem Abgrund stand, kann heute behaupten, er sei einen Schritt weiter. Überstürzend komisch. Witze sind einerseits Niedermacher, sie erniedrigen andere oder sich selbst. Doch wird der Witz melancholisch, so war er schon Humor. Ein guter Witz ist Sex für den Geist. Humor ist Seelenlage. Und Lage ist bekanntlich alles. Der Deutsche lässt im Gegensatz zum Engländer und erst recht zum US-Amerikaner Melancholie noch zu. Er suhlt sich auch mal im Ungemach. Andere Europäer schimpfen, der Deutsche setze immer mehr Speck an. Kann sein, aber wenn, dann ist es ausgelassener Speck. Gutes Rezept.

Lachland lässt amüsieren, brüllen, frohlocken, freuen, grandeln, grinsen, gackern, lächeln, prusten, schmunzeln, spotten, wiehern. Köstlich. Es lässt aber ebenso lachen, auslachen, verlachen. Der aus Kröpstädt in Sachsen-Anhalt stammende Liedermacher und Autor Hans-Eckardt Wenzel sagt: Sobald im Lachen Erkenntnis steckt, will es verändern. Ganz im Gegensatz zu Macht, die sich erhalten will. Schon Heinrich Heine frotzelte sich durch Deutschland und wird als Weltliterat geehrt. Er machte einfach seinen Reim auf die Verhältnisse. Die von Hochwohlgeboren regten sich auf, der Bürger hatte seinen Spaß, denn es kommt nur an, was nicht über ihm schwebt. Viele Deutsche besitzen viele Bücher, rein statistisch gesehen haben Stuttgarter im Verhältnis zur Einwohnerzahl sogar weit mehr Sparkassenbücher als die anderen Deutschen. Und so zitiert der Schwabe gern und ständig den arrogantesten Vers der deutschen Literatur, geschrieben von Eduard Paulus:

Der Schelling und der Hegel,
Der Schiller und der Hauff,
Die sind bei uns die Regel,
Die fallet gar nit auf.

Schöne Ironie des Schicksals. Die Bundesbürger selbst nämlich halten sich nicht nur für gebildet, sondern vor allem für wahnsinnig lustig. Drei von vier Erwachsenen glauben, sie könnten Säle zum Brüllen bringen. Das fand »Lisa« heraus, was einen eigentlich bedenklich stimmen sollte, denn die Zeitschrift gilt weder als Institut für soziale Forschungen noch als besonders lustig. Aber wir glauben es einfach mal, denn immerhin behaupten in derselben Umfrage 87 Prozent der Männer und 91 Prozent der Frauen, sie könnten über sich selbst lachen. Na also. Zig Millionen Stimmungskanonen bevölkern das Land. Boyes wird ausgewiesen. Er hat schlicht keine Ahnung, denn die Praxis ist das Kriterium der Wahrheit.
Waren Sie mal in Kneitlingen? Fahren Sie mal hin! Ein Ort, unweit von Hannover, wie viele in Deutschland. Zufahrtsstraße durch Felder, die Kirche an der höchsten Stelle, davor gefegte Höfe und fein sortierte Einfamilienhäuser samt Hecken, ge-

schnitten. Neben dem Gotteshaus ein Friedhof und ein kleiner Park. Da steht ein Haus und in dem Haus stehen ein Tisch, ein Stuhl, ein Schrank und ein leeres Bett. Die Kneitlinger warten auf ihren berühmtesten Sohn wie andere auf den Messias. Er wird zurückkommen in seine Geburtsstadt und sich auf die Matratze legen. Vor Schmerzen im Zwerchfell wird er wochenlang liegen müssen. Ein wenig darf er sich ärgern, weil vor der Kirche das Denkmal, das ihn zeigt, so traurig aussieht. In Stein gehauene Ehrfurcht ohne Leichtigkeit für den ersten Narren der Nation.

Till Eulenspiegel zog eine Spur des Scherzes durch Deutschland. Taktik der verlachten Erde. Und das schon vor 500 Jahren. Der Schelm starb angeblich in Mölln, liegt nicht tot in der Grube, er steht begraben. Die Kneitlinger hoffen und singen wie Roland kaiserlich: Jetzt geht es wieder los, das darf doch wohl nicht wahr sein, dass man so total den Halt verliert.

Till, der Reiseführer der Heiterkeit, bestimmte lange die Geografie des deutschen Humors. Eulenspiegel war überall und nirgends: Rostock, Lüneburg, Bremen, Hannover, Braunschweig, Staßfurt, Marburg, Erfurt, Dresden, Frankfurt am Main, Stuttgart, Nürnberg. Deutschland einig Lachland. Nur Schöppenstedt betrat er nie. Aber dort befindet sich heute das Till-Eulenspiegel-Museum, eine Sammlung aller möglichen Dinge, die irgendwie mit dem Seiltänzer, Scheinbäcker und Plazeboarzt in Verbindung gebracht werden können. Erich Leimkugel trug die Dinge zusammen, schenkte sie 1947 seiner Vaterstadt, die nun plötzlich ehren sollte, was doch eigentlich die Kneitlinger ganz in der Nähe erledigen sollten. Zunächst lagerte alles in einem Privathaus, aber 1996 bauten die Schöppenstädter ein schickes Gebäude, viel Glas und drei Etagen Fläche für Plakate, Bücher, Skulpturen, Papiere. Eulenspiegeleien. Klein, aber fein.

Das deutsche Land steckt voller Komik und feiner Unterschiede zwischen Ironie, Sarkasmus, Skurrilität und Zynismus. Denn

Humor bedient sich des Witzes und bindet sich an Charakter, Landschaft, Sprache. Übrigens nicht unwesentlich auch an Alkohol, der Hemmschwellen fortspült. Wein lässt das Gemüt leicht, beschwingt und freudig lachen. Beim Bier kommt es auf die Sorte an. 5.000 verschiedene Biere werden in Deutschland in über 1.330 Brauereien gebraut. Hopfen und Malz sind nicht verloren, sondern regional bestens verteilt, ganz nach Geschmack. Die größte Brauereidichte herrscht übrigens im fränkischen Aufsess: je 350 Einwohner eine eigene Brauerei. Prost.
Beim deutschen Humor geht es ähnlich zu. Überall ist er zu kriegen, aber in so vielen Stilen wie es Bier in dem Land gibt. Und Dialekte. Herbert Schöffler, 1888 in Leipzig geboren, studierte in Paris, wurde Professor in Bern, Dekan in Köln, 1933 abgelöst, weil er sich 1932 geweigert hatte, einen Brief zur Wahl Hitlers zirkulieren zu lassen. Er nahm es mit Humor und veröffentlichte 1941 eine Serie in der Zeitung »Das Reich« über den Witz der deutschen Stämme. Bekommen ist ihm das nicht. Der Sprachwissenschaftler wurde daraufhin von Studenten bedroht und vom Gauleiter suspendiert. Er ging nach Göttingen, wo er nach dem Krieg Dekan der Universität wurde. 1946 nahm er sich das Leben. Er litt an Depressionen. Typisch deutsch, würden die Engländer sagen.
Den typisch deutschen Humor scheint es indes nicht zu geben, weil es keine für alle Bundesländer typisch deutsche Figur gibt. Der deutsche Michel war es mal, aber der mit der Zipfelmütze tut es längst nicht mehr. Eulenspiegel bleibt für Identifikation unzuverlässig. Es bieten sich mit ihren Texten Tucholsky, Polgar, Kästner an, Werner Finck, Walter Groß. Aber eine identitätsstiftende Figur wie Schwejk fehlt. Loriot war einer, der als gesamtdeutsche Knollennase im Ausland die Krauts vertrat. Ein Virtuose der Sprache, ein Meister des Timings, trocken und schlau genug, um immer höflich zu bleiben. Das führte dazu, die Unhöflichkeit der Deutschen gegenüber ihren Nachbarvöl-

kern ein wenig in Vergessenheit geraten zu lassen. Aber Loriot blieb immer Begleiter der alten Bundesrepublik und nach der Wiedervereinigung der feine Westler der realen Groteske. Seine Menschen sind die Kleinbürger des patriarchalischen Adenauer-Staates. Und so wird fleißig behauptet, Loriot sei der größte aller deutschen Komiker. Er wehrt sich noch immer dagegen. Dieter Hildebrandt gelang satirische Wiedervereinigung, auch Helge Schneider und Harald Schmidt erwarben sich gesamtdeutschen Gagstatus, Mario Barth gelingt im deutschen Durchschnitt Massentauglichkeit. Aber auch sie sind individuell, vertreten nicht den ganzen Humor, wie etwa Monty Python, Mr. Bean, also Rowan Atkinson, Benny Hill oder Douglas Adams zweifellos englischen Humor repräsentieren.
In den 16 deutschen Bundesländern leben Figuren, die das Land verkörpern und jeweils den Bayern, Berliner, Rheinländer, Schwaben, Hessen, Sachsen oder Hamburger mit seinem Dialekt und seiner Mentalität zeigen. Frank-Markus Barwasser zum Beispiel gibt Pelzig, den Franken, Gerd Dudenhöffer spielt Heinz Becker, den Saarländer, Gerhard Polt liefert den gebürtigen Bayern, Olaf Schubert verkörpert den Sachsen, Kurt Krömer, bürgerlich Alexander Bojcan, versucht sich als Berliner, Olli Dittrich, in Offenbach geboren, hat als Dittsche speziellen Hamburger Humor im Biss, der Mannheimer Bülent Ceylan inszeniert sich als Türke mit baden-württembergischen Migrationshintergrund, Rheinländer stellen ganze Armeen von Pappnasenfiguren und fluten Fernsehkanäle, allen voran viele Jahre Stefan Raab. Und bei YouTube sucht die nächste Generation, die jeglichen Respekt verloren hat, nach Orientierung und Publikum. Die Summe aller Witzfiguren ist deutscher Humor.
1955 erschien Schöfflers Scherz-Serie als Buch unter dem Titel »Kleine Geographie des deutschen Witzes«. Darin unterschied er fünf große Humor-Landschaften in Deutschland: Die Bayerische, die Berliner, die Rheinländische, die Norddeutsche und

die Sächsische. Und jetzt liegt es seit Jahren da, das Buch, nie neu aufgelegt, aber gut aufgelegt. Eine Vorlage für die Nachfahren zum Nachfahren. Mal sehen, ob es bekommt, denn vieles hat sich geändert. Plötzlich gibt es veraltete Bundesländer, das Saarland stieß als neues Bundesland zum Bund, die DDR kam, ging und Deutschland vereinigte sich zu einem Land, das es so noch nie gab, aber alle nannten es Wiedervereinigung. Und die Humorgrenzen laufen inzwischen weniger zwischen Ost und West als vielmehr zwischen Nord und Süd. Nur eines stimmt noch immer: Ein guter Witz wird nach wie vor gern missverstanden. Beispiel? Beispiel:

> Ein Deutscher wird in China zum Tode verurteilt. Der chinesischer Henker schwingt so schnell das scharfe Schwert, dass der Delinquent seine eigene Hinrichtung nicht bemerkt hat: »Ich lebe noch.« – »Nicken Sie mal!«, sagt der Henker.

Frau Krause gibt aber diesen Witz in der Bridgestunde folgendermaßen wieder:

> In China müssen die Verbrecher so lange mit dem Kopf nicken, bis sie tot sind.

Zwischen den Ländergrenzen differenziert sich vieles aus, überlagert sich, und da der Deutsche mobil ist wie sein Auto, wandert der Charakter des Humors in allen Himmelsrichtungen hin und her. Wäre er steuerpflichtig, müsste er vom Finanzamt seine komplette Pendlerpauschale erstattet bekommen. Herr Schäuble, kommen Sie bloß nicht auf die Idee, den Scherz zu besteuern. Sie waren es doch, der sagte:

> Wer es ernst meint mit der Freiheit, der muss dafür aufstehen.

Scherzmaut führt zur Revolution. Freies Lachen für freie Bürger. Und: Es importiert sich neue Heiterkeit durch Einwanderer und deren Kinder.
Also los jetzt, reisen wir zusammen. Wie sagte Schmunzelmeister Heinz Erhardt:

> Ich könnte manchmal vor Glück eine ganze Allee von Purzelbäumen schlagen.

Bitte folgen.

Der Karikaturist Til Mette

Wir haben schon mal einen Juden versteckt

Es existiert nicht nur diese eine Stadt nicht. Vieles verschwindet einfach so. Selbst der Therapeut liebt es, sich in Luft aufzulösen. Til Mette weiß das. Der gebürtige Bielefelder hinterlässt Zeichenspuren, die dem menschlichen Mechanismus der Verdrängungen folgen. Er selbst ist manchmal auch nicht da. Eine seiner zwei Töchter sagt: »Papa ist weg.« Er dreht mit seinem Motorrad eine Runde. Luft kämmt seinen Kopf. Durchatmen für die nächste Idee.

Dann ist er wieder da, steht plötzlich im Zimmer. Nicht zu übersehen, ein kantiger Kerl mit lockigem Haar. Der kommt nicht rein, der erscheint, wirbelt die stehende Luft auf. Alles bewegt sich. Til Mette redet. Woher er stammt, kommt in der Rede gar nicht vor. 1956 landete er im Kreißsaal eines Bielefelder Krankenhauses, in dem auch seine drei Geschwister ankamen. Doch als die Familie vollständig schien, da bemerkten die Eltern, dass ihr Zusammensein ein Irrtum war. Blöd gelaufen. Trennung. Seine Schwester musste plötzlich mit einem Hirntumor kämpfen, die Mutter, überbeschäftigt mit all den Sorgen, schickte den Sohn aufs Internat. Der Junior wanderte durch Schulklassen und Schulen, acht Wechsel in vier Jahren, Reise durch verschiedene Bundesländer und damit Lehrpläne. Irgendwann verzichtete er darauf, schon wieder neue Lehrbücher zu besitzen. Das war 1970, sein 13. Lebensjahr und ein Zeugnis mit einer Vier drauf. Der Rest Fünfen und Sechsen.

Von Verschwörungstheorien hält er dennoch nichts. Die Realität hat es schon schwer genug. Der Witz steht ihr auf der

Stirn geschrieben. Til Mette bemerkte das zeitig und begann das abzumalen. »Ich habe irgendwie schon immer gezeichnet«, sagt der heute 58-Jährige. Seine Karikaturen wirken wie das Irgendwas, das sowieso ständig dazwischenkommt. »Ich bin aber deshalb noch lange kein Fatalist«, sagt Mette, der später noch auf dem Oberstufen-Kolleg das Abitur absolvierte und in Bremen Kunst und Geschichte studierte. Er wollte Pfarrer oder Lehrer werden. Und zeichnete. »Das ist das Einzige, was ich kann«, sagt er. Sein Vater konnte das auch, da guckte er sich manches ab. Zeichnen kann man lernen, meint Mette, Humor nicht. »Den hat man oder nicht.«

Er hat ihn. Sein komisches Irgendwas unterhält. Er will nicht erziehen. Ausgestattet mit Anstandsregeln und Gerechtigkeitssinn verfolgt er, was passiert. Und da ständig etwas Ungerechtes und Unanständiges passiert, geht ihm der Stoff nicht aus. Er betreibt eine ausgezeichnete Vorsorge für aussichtslose Situationen. In einer seiner Karikaturen steht ein Banker mit einem Koffer auf dem Friedhof vor dem Grab seiner Mutter und fragt, ob er wieder bei ihr einziehen könne. Irgendwas ist dem Typen wohl dazwischen gekommen, diesmal die Finanzkrise, die ihn aus der Börse schmiss. In einer anderen Karikatur sitzt ein Ehepaar auf dem Stubensofa und erklärt einer Besucherin: »Damit wir uns später mal keine Vorwürfe machen müssen, haben wir schon mal einen Juden im Keller versteckt.« Auch bei dem Paar kam wohl was dazwischen, in diesem Fall der Verlust des gesunden Verstandes. So krank ist die Gesellschaft, die Mette meint. Er hält immer kurz vor der Peinlichkeit an, aber er lässt sie mitdenken. Das ist sein Witz.

Diese Methode beruht auf den Höhen und Tiefen seiner Kindheit, verbindet sich natürlich mit dem Geburtsort Bielefeld, mit dem Bremer Studentenalltag, aber verfeinert hat er sie in den USA. 1992 flog er mit seiner Frau über den großen Teich nach New York. Ina, Wissenschaftlerin, hatte da einen Job bekom-

men. Er folgte ihr. Malen konnte er auch dort. Abnehmer seiner Karikaturen waren die Süddeutsche Zeitung und die taz. Das Fax gab es auch schon, und so lieferte der Bielefelder aus New York seine Zeichnungen nach München und Berlin. Allerdings wäre fast etwas dazwischengekommen, denn das Leben an der amerikanischen Ostküste ist verdammt teuer. Die mäßigen Einkünfte einer Wissenschaftlerin und eines Karikaturisten standen im krassen Gegensatz zu den Ausgaben eines Ehepaares in einem durchschnittlich wohlhabenden Stadtteil von NYC. Nach drei Jahren planten Til und Ina, die übrigens 1987 aus der DDR in den Westen geflüchtet war, die Heimkehr.
Aber wieder kam etwas dazwischen. Til Mette hatte sich immer und immer wieder beim »stern« in Hamburg beworben, und plötzlich kam der Sechser im Lotto. Der Karikaturist unterschrieb einen Exklusivvertrag mit dem Magazin. Sein Haushaltsnettoeinkommen reichte jetzt für den weiteren Aufenthalt in New York. 14 Jahren blieb er dort, wurde amerikanischer Staatsbürger. Und er lernte, dass eine Karikatur nicht politisch oder mahnend sein sollte, sondern lustig. Er lernte, dass Humor am besten wirkt, wenn er persönliche Geschichten offen erzählt. Dann entsteht Glaubwürdigkeit. In Amerika heißt diese Kombination social cartoon. Mette sagt, es gebe keine direkte Übersetzung, er nennt es Karikaturen, in denen gesellschaftliche Themen stattfinden. Hinzu kommt eine fette Portion Selbstironie.
Nach 2001 änderte sich vieles in New York. Ständige Sicherheitskontrollen, permanente Überwachung. Til Mette sah die Zeit gekommen, zurück nach Deutschland zu gehen. Er ging samt Familie nach Hamburg. Eine Wohlfühlstadt, sagt er. Da zeichnet er zu Hause die Karikaturen und in einem Atelier in der Stadt malt er. Das Erste sauber und digital, das Zweite dreckig und analog. Ein Karikaturist müsse aber eigentlich nicht zeichnen könne, da geht es um die Idee. Nach 1990 bewun-

derte er Zeichner aus der DDR, die hervorragende Handwerker waren, aber es zündete nicht. Das waren Schönzeichner, die Rotzer, die Radikalen kamen aus den alten Bundesländern. Eine Ausnahme sieht er: Henry Büttner. Den würde er gern mal kennenlernen. 1928 in Wittgensdorf bei Chemnitz geboren. Eine Legende, der mit seinen skizzenhaften Figuren zwischenmenschliche Dramen behandelte. Eine zeitlose Kunst, die auch in New York, Hamburg oder Bielefeld jeder versteht. Und Büttner war im Grunde als Mensch nie da. Er verschwand bis heute in seinem Haus, ein Einsiedler, dessen Freiheit im Kopf stattfindet. Für Til Mette eigentlich die ideale Lebensform. Aber vielleicht existiert ja Henry Büttner gar nicht ...

Til Mette, stern
(www.tilmette.com)

Deutsches Phänomen 1

Das Design bestimmt das Bewusstsein

Gefahr aus dem Gegenverkehr. Im Geschwindigkeitsrausch verendet die Rücksicht. Rasen heißt die erste Bürgerpflicht. Der brave Deutsche sitzt nicht lächelnd in seinem Kleinwagen, sondern er schießt in einem aufgerüsteten Aggressionsboliden über die Autobahnen. Egal ob Mercedes, Audi, BMW oder VW – des Bürgers liebstes Kind mutiert zur protzigen Angriffsmaschine für die Verkehrsfront. Auch Skoda und Seat flitzen als Giftpfeile verkleidet durch die Straßen. Brutal geformt, verdrängen die neuen Monster mit ihren gefräßigen Großmäulern ebenso bei Ford die einst zärtlichen Karossen. Das Design bestimmt das Bewusstsein. Und andersrum.

Die Kampfkostüme der Autos spiegeln einen Zeitgeist wider, als Wirkung und Ursache zugleich. Globale Mobilmachungsfantasien formen sich in den Blechen. Seit gut fünf Jahren geben Designer fahrbaren Untersätzen animalische Proportionen, als wären Autos ausgehungerte Raubtiere auf Nahrungssuche. Die Frontpartien glotzen ihre Besitzer an wie Falken, Haifische, Drachen oder Hyänen.

Scheinwerfer strahlen durch Klarsichtgläser, damit der Verkehrsgegner dem entgegenkommenden Feind direkt in die Pupillen starren muss. Keine niedlichen Kulleraugen mehr, kein Schmunzeln am Kühlergrill, sondern böse Blicke schmaler Xenon-Lichtsichtgeräte, die jede Kurve ableuchten, wie ein Panzer das Schlachtfeld. Aus den Studios der Gestalter rollen Batmobile mit Jagdmasken, die mit Überholspurprestige Durchsetzungsvermögen ausstrahlen. Mercedes scheint den Krieg der Sterne ausgerufen zu haben, Audi, BMW und VW ziehen mit im Blitzstart aufs Feld.

Auf den Automessen der Welt präsentierten deutsche Autokonzerne aufgeblasene Flaggschiffe als Stadtautos. Letzter Schrei bei Mercedes ist ein drei Tonnen schwerer Kastenkoloss mit der Nummern-Kennung G 500 4 x 4, unter der Haube 422 PS, für schlappe 300.000 Euro. Noch Showcar, hat die aufgemotzte G-Klasse beste Chancen, demnächst in die Produktion zu gehen.

Doch im Zeitalter alternativer Energie wirkt die mobile Aufrüstung wie der letzte Schrei aus den Garagen einer aussterbenden Schützengrabengeneration. Tatsächlich zeichnen die Designer an einer Schwelle, die dem einstigen Übergang von der Kutsche zum Auto gleicht.

Doch bevor die Großraumprotzer mit ihrer Dreifaltigkeit aus Testosteron, Tempo und Tiernacken von zarten Versionen mit alternativen Antrieben massenhaft abgelöst werden, setzen Autokonzerne unverdrossen auf das Rohölzeitalter. Der Kunde greift zu, denn sparsame Technik kostet den Neuwagenkäufer noch immer viel zu viele Euros, und die Reichweite von Elektroautos reicht kaum bis zur nächsten Steckdose. Nicht mal 3.700 Hybriden wurden in den ersten zwei Monaten des Jahres 2015 verkauft. Im selben Zeitraum verließen jedoch nach kurzzeitiger Benzinpreissenkung 84.000 neue Sport Utility Vehicles die Autohäuser. Ganz unter dem Motto: Das Leben ist nur im SUV zu ertragen.

Besonders Männer begreifen das sie umfließende Blech als eine Art Prothese, einen zusätzlichen Muskel, einen Panzer. Frauen dagegen verstehen ihr Auto gleichsam als Vase und sich selbst als Blume darin. Das behauptet Lutz Fügener in seinem Buch »Von der guten Form zum guten Leben«. Der Designer lehrt als Professor für Transportation Design an der Hochschule Pforzheim, studierte Maschinenbau in Dresden und Industrial Design in Halle. Als Mitinhaber eines Designbüros hat er unter anderem den Sportwagen Melkus RS 2000 und die Straßenbahn Solaris Tramino entworfen.

Fügener ist überzeugt, dass sich in Zeiten des Klimawandels das Aussehen von Autos grundsätzlich ändern müsse. Noch jedoch stehe die Gestaltung der meisten Wagen für Kraftmeierei und Ressourcenverschwendung. Die deutsche Autoindustrie verschläft die Trendwende, weil sie sich durch Verkaufszahlen, gedopt vom asiatischen Aufschwung, einlullen lässt.

Und so gehört fast jeder fünfte Neuwagen, der in Deutschland zugelassen wird, in das Segment der hochbeinigen und gefräßigen Modelle. Auch die Pferdestärken wachsen kontinuierlich. Während ein Durchschnittsauto im Jahr 2013 über 137 PS verfügte, waren es 2014 schon 140. Trend weiter steigend.

Die fetten Kisten mit den profilneurotischen Breitreifen demonstrieren einen Trend, der in Deutschland eigentlich nach der Phase aufgemotzter Opel Mantas längst ausgestorben schien. Hanseatische Sachlichkeit, devote Linien, freundliche Gesichter, sachliche und funktionale Formen zeichneten lange Zeit deutsche Automobile aus. Jede Marke trug ihr Gesicht, unterscheidbar vom Mitbewerber. Der Wandel des Designs lässt sich am VW-Golf nachvollziehen. Kantig der Anfang, aerodynamischer in den 1980er-Jahren, die Stoßfänger integriert, aber die Marke immer erkennbar, losgelöst von Einflüssen amerikanischer Benzinfresser, denn Öl war in Europa schon immer knapp. Der Mythos der Marke wurde bei VW genau wie bei Mercedes, BMW oder Audi genährt. Mit der Öffnung der Mauer, und damit dem größten Automarkt der Welt, änderte sich das.

Denn in Asien, vor allem in China, etabliert sich zunehmend eine Schicht von Neureichen, die mit dickem Blech ihren Aufstieg demonstriert. Auch wenn auf den sechsspurigen Straßen der chinesischen Metropolen die Großraumwagen vor allem im Stau stehen, zeigen die Besitzer dem anderen Stauteilnehmer gern ihre Oberklassenzugehörigkeit. Außerdem orientieren sich europäische Autohersteller an asiatischer Kulturtradition. Dort gelten eine hohe Frontpartie und ein sich nach hinten verjüngender

Karossenkörper als schick. Der Drachen bildet das Vorbild und gilt plötzlich Designern als globales Formenvorbild. So nähern sich die Autokleider aller Hersteller immer mehr an, sie tragen außen Kostüme aus Blech und innen schreitet die Digitalisierung voran. Die notwendige Innovation bleibe aus, sagt Fügener und spricht von rasendem Stillstand. Und dass VW Dieselabgase manipulierte, steht symbolisch für den Infekt des größten europäischen Autoherstellers. Denn es fehlen Innovationen. Längst sind chinesische Autohersteller selbst in der Lage, dicke Karossen zu bauen und haben demnächst die Deutschen gar nicht mehr nötig. Die Geschwindigkeit liegt nicht auf der Autobahn, sondern in der Forschung und Entwicklung innovativer Produkte.

Die deutsche Protz-Manie in der Autoindustrie gleicht der deutschen Politik. Wie lange hält der vermeintliche Modellstaat Deutschland noch? Diese Frage bewegt Bürger und Kritiker der Berliner Republik immer mehr. Man kann sich des Eindrucks nicht erwehren, dass die Große Koalition die Wähler einschläfert, indem sie behauptet, Deutschland könne alles, aber auch alles stemmen. Die Autoindustrie dient mit ihrem Exportüberschuss als Beweis. Wirtschaft brummt – Börse boomt – alles läuft. Die dicken Karren mit ihren bösen Gesichtern kaschieren jedoch nur das Unvermögen der Erneuerung. Der Expansionskurs in neue Märkte reicht aber nicht. Reformen im eigenen Markt sind nötig.

Deutschland macht dennoch auf dicke Hose, hebt ab und baut Autos so fett und aggressiv wie ein Dinosaurier, der nicht merkt, dass sich um ihn herum alles geändert hat. Schade, denn der Kleinwagen wurde mal in diesem Land erfunden.

KAPITEL 2

Die lachende Mitte

Von Witzenhausen über Ebergötzen bis Hannover

Wir fahren. Blick aus dem Fenster. Deutschland sieht gut aus. Überall wird gebuddelt, abgerissen, gestrichen, Autobahnen schmalgespurt, Kreuzungen neu beampelt, werden Brücken gesperrt, Schlaglöcher geflickt, Bahnhöfe versenkt, Flughäfen verschoben, Flüchtlingslager errichtet. Stau auf jedem Ring. Deutschland geht es gut, sagt die Kanzlerin. Und sie sagt: Wir schaffen das. So soll es bleiben. Klingt, als wolle vor allem sie bleiben. Aber wer will schon bleiben? Vor allem so? Wir fahren querfeldein durch die Humorlandschaften. Nächster Halt Hessen, gleich hinter Witzenhausen im Dreieck zwischen A 7, A 38 und A 44 nordwestlich von der deutschen Mitte. In dem Ort gibt es zwei Parkgebührzonen und ein Gewächshaus für tropische Nutzpflanzen, Erlebnispark Ziegenhagen und Kirschplantagen ringsum. Beliebtester Sport im Ort: Kirschkernweitspucken. Witze erzählen sie sich dort? Klar.

Eine Frau und ein Mann haben sieben Kinder. Sechs hoch intelligent, ehrgeizig und schwarzhaarig. Nur ein Junge ist ziemlich dämlich, faul und rothaarig. Als die Frau auf dem Sterbebett liegt, fragt ihr Ehemann: »Wir haben nun so lange glücklich zusammengelebt, haben wunderbare Kinder, nur der eine macht uns bis heute Sorgen. Jetzt, wo Du bald stirbst, kannst Du es mir doch sagen: Von wem ist der eigentlich?« Die Frau: »Das is der von Dir.«

So lachhaft ist es knapp neben der Mitte. Die ist ja sehr beliebt die Mitte, weil keiner sagen kann, dass einer links oder rechts steht, sondern sich abstützt an denen da im Abseits. In der Mitte fühlt sich das Mittelmaß am wohlsten.

> Das Wichtigste liegt in der Mitte! Bitte: Streich weg das DE und am End das AND: DEUTSCHLAND wird hiermit UTSCHL genannt.

F. W. Bernstein schrieb diesen Satz. Bei dem Schreiber halten wir gleich an. Nur noch mal UTSCHL sagen, das klingt so, wie sich viele Deutsche gerade fühlen. Irgendwie kuschlig, irgendwie gelassen, irgendwie beunruhigt. Plötzlich stehen wir neben einem onanierenden Bären, ein Denkmal, das gerade sein Fundament bekommt. So gut geht es Deutschland.
Und Sie? »Sie sehen gut aus!« – »Danke, werd's meinem Krebs weitersagen. Er wird sich ärgern.« Das schrieb Robert Gernhardt, der den Totmacher im Darm sitzen hatte und 2006 in Frankfurt am Main starb. Genie der Leichtigkeit wurde er genannt. Der Mitbegründer der Satirezeitschrift Titanic ging spielerisch mit sich, seinen Krankheiten und mit dem Land um, in das er 1946 mit seinen Eltern aus Tallinn kommend plötzlich hineingeriet. In Göttingen, 28,5 Kilometer von Witzenhausen entfernt, wuchs der Junge im Land der Dichter und Denker auf und wurde Dichter und Maler. Dem Schicksal ergeben? Lächerlich. Humor lässt länger leben.

> Der Kragenbär, der holt sich munter einen nach dem anderen runter.

So etwas schrieb der Mann, der in Stuttgart und Berlin Malerei und Germanistik studierte und es vermochte, Unsinn und Tiefsinn miteinander zu verreimen. »Es gibt«, sagte Gernhardt einmal, »fließende Übergänge, ja Komplizenschaft zwischen Ernst und Unernst, zwischen Pathos und Lächerlichkeit.« Eine schöne Wegbeschreibung für die Fahrt durch Deutschland. Danke. Gernhardt kannte F. W. Bernstein alias Fritz Weigle und seine Idee von den Freunden der Bären.

Die schärfsten Kritiker der Elche, waren früher selber welche.

Ein Satz für die Ewigkeit. Komische Literatur für komische Deutsche. Wilhelm Busch und Christian Morgenstern waren die Ahnherren von Gernhardt und Weigle, Heine und Tucholsky ihre Geistesgefährten. Der Elch bekam bereits sein Denkmal. Es steht zweieinhalb Autostunden von Witzenhausen entfernt in Frankfurt am Main.

Die Stadt mit dem Elch reckt sich in die Höhe, weil ihre Ebene einem ausgewachsenen Börsentief zum Verwechseln ähnlich sieht. Frankfurt ist die größte Stadt in Hessen, leidet darunter, keine Hauptstadt zu sein, kompensiert dies aber damit, sich nach London als das zweitgrößte Finanzzentrum Europas hochzurechnen. Oben in den Büros der Geldfördertürme lachen die Finanzjongleure zwischen Schatzbriefen und Fonds über den provozierten Grexit und freuen sich über Dax, Stocks und immer mehr Erben, die ihre Aktien verleben. Noch nie fingen die BWL-studierten Hütchenspieler so viel Goldregen ein. Denn sie wissen, was sie tun. Sie schulten sich um zu Regenmacher und setzen mit Rettungsschirmen andere aufs Trockene. Da kommt kein Regen mehr runter, Deutschland staut die Finanzströme und schwimmt im Geld.

Die echten Frankfurter Wertpapiere hängen jedoch nicht bei den Bankern, sondern den Dichtern im Leinwandhaus im Museum für Komische Kunst gleich neben dem Kaiserdom. Dort, nicht im Dom, sondern im Leinwandhaus hängen die Bilder der Zeichner der gern so genannten Frankfurter Schule. Der

Mann mit dem onanierenden Bären, Robert Gernhardt, gehörte dazu. Das Bilderhaus ist ein feines Reiseziel. Nicht irre machen lassen, weil es im Baedeker nicht vorkommt. Da schicken sie die Touristen lieber in den Zoo, zum alten Römer oder zur Betriebsbesichtigung auf die Landebahn des Rhein-Main-Flughafens. Zum Abheben. Zum Ablachen nehmen wir lieber Kurs auf Caricatura, das komische Frankfurter Museum mit ausgezeichneten Cartoons der sinnreichsten deutschen Karikaturisten. Da muss man gewesen sein. Hessen sammeln nämlich am liebsten Humor, weil sie mehr davon haben wollen. Is klar.
Die Hessen ermittelten vor einigen Jahren mal in einer medial aufgeblasenen Aktion ihren besten Witz. Jetzt also hier der beste Witz der Hessen:

> Tingelt einer durch Alt-Sachsenhausen und kommt ins Öfsche reingelaufen. Und sagt: »Ich hätt gern drei Biersche, gell.« Da sagt der Reiner: »Hier, bittschön.« Da trinkt er seine drei Biersche, zahlt und geht wieder. So geht's die ganze Woche, und am Samstag frägt der Reiner, der Wirt vom Öfsche: »Hör ma, mein Lieber, was soll denn das ewig mit deinen drei Bier?« »Ja«, hat er gesagt, »weißt, ich hab noch zwei Brüder. Der eine wohnt so weit weg in Australien, und der andere in Amerika. Hach, und für die beiden trinkt ich immer eine, und eine für mich.« Der Wirt hat's kapiert, und es geht weiter, und er kommt am andern Mittwoch rein und sagt: »Ich hätt gern zwei Bierchen!« Sagt der: »Um Gottes Willen! Ist ein Bruder krank geworden? Was'n los?« Sagt er: »Nein, nein, ich hab aufgehört mit'm Saufen.«

Das war er, der beste Witz der Hessen, den sich ähnlich Sachsen, Berliner, Bayern oder Hamburger erzählen. Das ist eine Art Wanderwitz, ein Hessenspaß, der in Witzenhausen Asyl bekam. Ist nicht schlimm, denn das kotlettgeformte Bundesland gibt es genau so wenig wie Bielefeld. Das Gebiet erdachten sich nach 1945 Verwalter als Einheit eines finanzpolitischen Abrechnungsmodells und nannten es gleichmal Groß-Hessen. Das Große verlor sich irgendwann. Oliver Maria Schmitt, von 1995 bis 2000 Chefredakteur der Titanic und heute einer der Herausgeber sagt: »Trifft man heute einen Kasseläner oder Wiesbadenser, einen Odenhinterwäldler oder Frankfodder, dann würde der sich niemals als Hesse bezeichnen.« Einmal sprach Schmitt in Frankfurt einen älteren Herrn auf seinen hessischen Dialekt an, da blaffte der ihn an: »Isch spresch kaa Hessisch, des gibbt's gaa ned, isch babbel Frankfodderisch.« Schmitt sagt weiter: »Aber womöglich mag in einer Gegend, in der Orte, ohne rot zu werden, Gründau-Lieblos oder Linsengericht-Eidengesäß heißen, in der es sogar ein bewohntes Wixhausen gibt, wo dann auch noch allen Ernstes und regelmäßig ein Blasorchester Wixhausen zum fröhlichen Potpourri aufspielt – womöglich mag genau da der sublime Witz der Eingeborenen darin bestehen, dass sie Handkäs für ein Nahrungsmittel und den Äppelwoi genannten Hessenurin für ein Erfrischungsgetränk halten.«

Eine Frankfurterin zu ihrem Mann: »Du, das stinkt ja abscheulich da draußen! Ob's da wieder einen Chemie-Unfall gegeben hat?« Antwortet ihr Mann: »Höchstwahrscheinlich ...«

Das dauert einen kurzen Augenblick, aber mit ein wenig unternehmerischem Instinkt kommt der Sprachwitz schnell an. Der Satiriker und seit 1945 Wahlhesse Pit Knorr sagt: »Der umwerfende Charme der Frankfurter hat mich gleich für sie eingenommen. Erzähl ihnen die spannendste aller Geschichten oder den pfiffigsten aller Witze – am Ende wird man dich anstarren und sagen: Un, weidä?« Der 2002 verstorbene Kabarettist Matthias Beltz schrieb über seine Heimat: »Die Hessen sind umzingelt von lauter Deutschen, haben keinen direkten Zugang zum Meer, zu den Alpen und zum Ausland und daher keinen Kontakt zur Freiheit. Wer Hessen besuchen will, muss vorher durchs Fegefeuer der deutschen Autobahn-, Eisenbahn- und Flughafenkultur. Nur wenige, die hierherkommen, wollen hierbleiben. Das war schon während der Völkerwanderung so.« Die Mitte hat es eben doch schwerer, vor allem als man denkt.

Das mag einer der Gründe sein, warum in Frankfurt die Frankfurter Schule entstand. Oliver Maria Schmitt sagt: »Seit über fünfzig Jahren höhnt und spottet sie nun, seit im Jahr 1962 die erste Nummer der Zeitschrift *Pardon* erschien. Das legendäre Satireblatt ging 1979 im Nachfolgeorgan *Titanic* auf, wo Jahr für Jahr eine neue perspektivlose Generation zu Berufszynikern und Vollerwerbsnestbeschmutzern ausgebildet wird.«

Hans Traxler ist einer der Alten, die immer noch wacker weiterwitzeln. Im Frankfurter Stadtteil Oberrad setzte er sich und allen anderen ein Denkmal. Es heißt: Ich. Jeder kann sich da auf den Sockel platzieren und Selfies schießen. Zum Schießen. Auf der Schautafel steht: »Jeder Mensch ist einzigartig. Das gilt natürlich auch für alle Tiere. Halten Sie es fest für immer. Hier.«

Beifall.

> Seegts Fritzje: »Ei Oba, wo machste dann mit moim Foahrrad he?« Oba: »Uff de Friedhof« Fritzje: »Un wer bringt mer dann mei Foahrrad widder?«

Nochmal Schmitt: »Das Qualitätsmerkmal hat Robert Gernhardt vorgegeben: ›Hell und schnell‹ soll er sein, der Witz, und eine Niveaudebatte wird niemals geführt.« Am Main hat die Satire also Folgen, und die komischen Höhepunkte dieses Treibens kann man täglich außer montags in der Caricatura belachen, dem Frankfurter Museum für Komische Kunst.

Aus Frankfurt am Main stammt noch eine weitere Sehenswürdigkeit: Eckart von Hirschhausen drängelt sich da vor, aber gemeint ist Kaja Janar. Seit 1973 guckt er sich die Welt an und hat begriffen, dass er als Türke in die Welt kam, aber als Deutscher leben muss. Teuto-Türke nennt er sich, wenn einer eine Erklärung über seine Herkunft wünscht. Seine Eltern kamen aus der Türkei nach Hessen und da begriff er: »Der deutsche Witz«, sagt Janar, »giert nach der Pointe und Figuren.« So geht sein Erfolgspuzzle. Er spielt volles Programm Witzfiguren, die von draußen ins deutsche Land reingucken – Inder, Japaner, Türken, Schweizer. Ethno-Comedy für Völkerverständigung.
Er erzählt von Japanern, die extra nach Deutschland kommen, um hier an einem Wochenende für 3.000 Euro über die Autobahnen zu rasen. »Man sieht sie in S-Klassen fahren, das heißt man sieht sie nicht, nur ihre Hände am Lenkrad.« Klischee fängt Lacher. Als Chinese lächelt er und spricht kein R, als Türke handelt er und fährt wie eine Sau, als Amerikaner katscht er Kaugummi und spielt mit dem Revolver, als Franzose liebt er alles, was ihm vor die Hose kommt, als Italiener hält er die Familie zusammen und bewirtet den Paten seiner Kinder und als Deutscher wird er korrekt ordentlich. Aber nur im Ausland. Hier im Land der Sauerkrautfresser lebt er die kulturelle Vielfalt. »Gott mag die Vielfalt«, sagt Janar. Er holt jetzt seine Figuren heim in sein Reich und spielt sich als Bayer, Berliner, Sachse oder Hamburger auf, erzählt von ihren Eigenheiten, ihren Landschaften, Mentalitäten. Der Bayer als Weißwurstgrandler mit Lederhosen und Oktoberfestmaß jodelnd, der Norddeutsche mit Fischermütze und keinem Wort im Mund, der Berliner schimpfend und rücksichtlos endlos plappernd, der Reinländer lachend herzlich oberflächlich, der Sachse ewig jammernd zum Erbarmen gewitzt. »Am meisten lacht man doch über sich selbst«, sagt der Regio-Comedian. Dann lacht er wieder und wird international:

Ein japanischer, ein chinesischer und ein jüdischer Samurai wollen herausfinden, wer der Beste ist. Der japanische Samurai beginnt, eine Fliege schwebt nach oben, sein Schwert teilt sie in zwei Hälften. »Sehr gut«, sagen die anderen. Der chinesische Samurai lässt eine neue Fliege fliegen und viertelt sie mit seinem Schwert. »Sehr gut«, sagen die anderen. Der jüdische Samurai lässt eine neue Fliege fliegen, fuchtelt mit einem Schwert durch die Luft. Die Fliege fliegt weiter, setzt sich auf die Kante eines Tisches. Die anderen meinen, dass die Fliege ja noch leben würde. »Ja«, sagt der jüdische Samurai, »aber beschnitten.«

Das Klischee siegt und der Gag landet mitten im Zwerchfell. Gernhardts Rubbelbär soll übrigens in Göttingen steppen. Ein bronzenes Andenken an seine Sati(e)re, die er als Berufung empfand. Neben Bären hatten es ihm Mops, Tausendfüßler und Hering angetan. Der schreibende Tierpfleger tauchte seinen Kummer in animalische Lyrik, hier sein »Trost im Gedicht«:

Denk dir ein Trüffelschwein,
denks wieder weg:
Wird es auch noch so klein,
wird nie verschwunden sein,
bleibt doch als Fleck.

Was je ein Mensch gedacht,
lässt eine Spur.
Wirkt als verborgne Macht,
und erst die letzte Nacht
löscht die Kontur.

Hat auch der Schein sein Sein
und seinen Sinn.
Musst ihm nur Sein verleihn:
Denk dir kein Trüffelschwein,
denks wieder hin.

Wir fahren mal weg von dem Bären, der Göttingen aufgebunden werden soll. Brot und Spiele, panem et circenses, gehören seit Jahren zum Grundprinzip der deutschen Demokratie. Dafür befinden sich nur wenige Kilometer entfernt von der Stadt an der Leine in Ebergötzen zwei Museen: eines für Brot, das Europäische Brotmuseum, und 500 Meter weiter eines für Spiele. Nochmals Gernhardt:

Für die Jugend
Dass ein junges Glück entstehe
sucht Man Frau, sucht Frau die Nähe.
Aber ehe, ehe, ehe,
wenn ich auf das Ende sehe!

Gernhardt klopfte mit Vergnügen auf den Busch. Die Nähe ist nicht zu überlesen. Er fuhr auch gern in das kleine Örtchen Ebergötzen, da steht die Wilhelm-Busch-Mühle. Die nennt sich so, weil mit neun Jahren der kleine Wilhelm dorthin reiste. Das war allerdings schon 1840. Der Junge landete bei seinem Onkel mütterlicherseits, der arbeitete als Pfarrer und unterrichtete den Nachwuchs. In dem Pfarrhaus ging ebenso Erich ein und aus, der Sohn des Müllers. Beide abenteuerten durch die Gegend, klauten Hühner, verstreuten Krabbeltiere in Betten, zündelten, klauten Obst, sägten Brücken an und ärgerten Lehrer. Später erinnerte sich der Dichter Busch:

Ach, was muss man oft von bösen
Kindern hören oder lesen!!
Wie zum Beispiel hier von diesen,
Welche Max und Moritz hießen …

… Menschen necken, Tiere quälen,
Äpfel, Birnen, Zwetschgen stehlen.
Das ist freilich angenehmer
Und dazu auch viel bequemer,
Als in Kirche oder Schule
Festzusitzen auf dem Stuhle.
Aber wehe, wehe, wehe!
Wenn ich auf das Ende sehe!!

Wenn man das Ende kennen würde, wäre der Anfang nicht so leicht, manchmal allerdings würde es das Anfangen erleichtern. Oder eben nicht. Die Jungs endeten als Hühnerfutter, wobei wir wieder bei einer äußerst animalischen Variante deutscher Dichtung wären. Aber das Viehzeug muss immer wieder zum Vergleich herhalten. In der Busch-Mühle erlebt der Besucher eine feine Zeitreise und kann sich gut vorstellen, wie Verse beginnen. Meist aus eigenem Erleben.
So sagt Onkel Nolte zu seiner Nichte, der frommen Helene:

Ich warne dich als Mensch und Christ:
O, hüte dich vor allem Bösen,
Es macht Pläsier, wenn man es ist,
Es macht Verdruss, wenn mans' gewesen.

Das Mädchen neckt den Alten, ihr Laster am bösen Spielchen verschafft ihr Lust im Bett. Wie bei Max und Moritz folgt Streich auf Streich und die Moral am Ende wirkt für den Dichter und ersten Comiczeichner der Nation entlastend wie ein

Alibi. Busch breitete mit Vergnügen die Bosheiten aus, denn die lassen richtig Spaß aufkommen. Es gewinnt am Ende das Böse, auch wenn es zwischendurch mit kleinen Strafen aufgehalten wird. Der Dichter aus der Mühle liefert dafür die Betriebsanleitung.

Das Gute – dieser Satz steht fest –
Ist stets das Böse, was man lässt.

Aber er lässt es nicht, sondern seine Helden streiten, scheitern, süffeln Trostlikör, verbrennen, gehen in die Luft und immer vergeht ihnen das Lachen. Ihr Untergang bietet den Grundton für das Lachen der anderen. Der Witzentdecker kokettiert mit dem Ernst der Lage.

Ach, ich fühl es, keine Tugend
Ist so recht nach meinem Sinn,
Stets befind ich mich am wohlsten,
Wenn ich damit fertig bin.

Das Gefühl dürfte er in Hannover entwickelt haben. Die Stadt, in der jahrelang gewulft wurde, ist vor allem durch ihre Bescheidenheit bekannt. Hochdeutsch am Stammtisch, keine Affären, keine Zweifel an Redlichkeit, keine Sehenswürdigkeiten. Wer den Durchschnitt sucht, der findet ihn hier. Oliver Pocher zum Beispiel, der 1978 erstmals die Schwestern im Kreißsaal belästigte und dann eine Ausbildung zum – genau – Versicherungskaufmann absolvierte. Busch wollte leben und musste in dieser Stadt ab 1847 Maschinenbau studieren. Die ganze Stadt scheint Maschinenbau studiert zu haben. Rationale Gleichheit, Fassaden gezirkelt. Der Ort mit dem gewissen Nichts verdankt seinen jüngsten Bekanntheitsgrad der permanenten Erwähnung in der Harald-Schmidt-Show, die allerdings nur noch Intellektuelle der Generation Ü-60 kennen und nachts vermissen. Aber das gewisse Nichts als Erkennungsmarke der Hannoveraner prägte sich ein. Denn nichts zu haben ist immer noch besser, als krank zu sein. Fräuleinwunder Lena setzte 2010 mit ihrem Satellite-Song-Sieg der Gemeinde ein Lächeln auf. Ins Goldene Buch des Rathauses schrieb sie kurz nach der Rückkehr aus Oslo: »Wow! Verdammte Axt, ist das geil!« Lächeln. Prinz Ernst-August reißt es munter jährlich einmal wieder runter. Das ist Kabarett für umsonst.

Gegen Geld gibt es Kabarett im TAK. Das Theater am Küchengarten, im Stadtteil Linden-Mitte gründete 1975 Dietrich Kittner, ein Kabarettist, der der DKP nahestand, mit seinen Positionen gern zwischen allen Stühlen saß, der 1973 »Fernsehverbot« bekam. Das schrieb damals die Süddeutsche Zeitung. 1998 feierte Kittner 25 Jahre TV-Abstinenz, was für ihn eine gute Voraussetzung war, um auf der Bühne seine Programme über den Staat, das bekannte Unwesen, zu spielen. Die Zeiten änderten sich, er nicht, und so kündigte Kittner wegen »unüberbrückbarer künstlerischer und organisatorischer Differenzen« dem TAK die Zusammenarbeit auf. In der Ebene Hannovers, seiner geliebten Kleinstadt, fand er keine Höhepunkte und unter der glatten Oberfläche konnte er erst recht nichts finden. Sein Heimatland wurde ihm, wie er sagte, Ende der 1990er-Jahre zu großdeutsch und so flüchtete er aus gesundheitlichen Gründen nach Österreich, wo er 2013 starb. Das Kabarett lebt, seit Januar 2012 wird es von Nils Wintering geführt. Auf der Kleinkunstbühne begrüßt er regelmäßig Satiriker aus ganz Deutschland.

Geschlendert wird in Hannover durch die kleinen Parks und großen Gärten, umringt von vierspurigen Straßen und Abzweigen, die an irgendwelchen Wiesen oder dem Eingang zur Universität enden. Hier also wartete Wilhelm Busch auf seine Erlösung. Zum Glück. Denn so besitzt die Stadt im Georgengarten das Deutsche Museum für Karikatur und Zeichenkunst.

Ein feines Teil, ein kleiner Palast der satirischen Kunst. Es breitet sich mondän aus hinter der Parkwiese, auf der die Studenten Kräuter rauchen oder auf Decken picknicken.
Im Foyer des Wallmodenpalais der skeptische Blick der Dame hinter der Kasse, wo wohl der Besucher hin irrt, ob er weiß, dass hier gepflegte Satire bewahrt wird und ob er in dem kleinen Lädchen neben der Loriot-Buchstütze und dem Magnetbildchen die Drucke von Busch entdeckt. Er entdeckt. Das Bild von Helene auf der Leiter und Franz dahinter, wie er ihr an den Rock fasst und starrt und fühlt, was sich da wölbt, bis sich bei ihm was wölbt. Und darunter der Reim:

Oft ist z.B. an den Stangen
Die Bohne schwierig zu erlangen.
Franz aber fasst die Leiter an,
dass Lenchen ja nicht fallen kann.

Der Druck ist limitiert auf 199 Exemplare, und nur noch wenige Stücke sind da. Aber genug zum Nachdrucken. Da geht ein neidvoller Blick in die Archive, wo Zeichnungen liegen, gesammelt von der Busch-Gesellschaft seit den 1930er-Jahren.

Enthaltsamkeit ist das Vergnügen,
an Sachen, welche wir nicht kriegen.

Das ist der Busch, der sich mit seinen Sprüchen ins kollektive Gedächtnis der Deutschen einbrannte und sein Selbstbildnis, schwarze Kreide auf bläulichem Papier, 1851, schaut die Betrachter skeptisch über die Schulter an. Oft kennen sie seine Sprüche, aber nicht ihn. Zum Beispiel diesen:

Vater werden ist nicht schwer,
Vater sein dagegen sehr.

Oder diesen:

Musik wird oft nicht schön gefunden.
Weil sie stets mit Geräusch verbunden.

Oder diesen:

Es ist ein Brauch von altersher,
Wer Sorgen hat, hat auch Likör.

Das Museum pflegt Busch, aber hier liegt mehr, über 35.000 Karikaturen und Grafiken. Was für ein Schatz der Aufklärung, Blätter, mit denen William Hogarth, die Brüder Cruikshank oder Thomas Rowlandson die Sitte der Geldheirat, die Trunk-, Herrsch- und Habsüchte geißelten und damit im 18. Jahrhundert erstmals die Karikatur zum öffentlichen Gesprächsthema machten. Wer heute an Satirezeitschriften wie Charlie Hebdo in Frankreich denkt, findet in Hannover die Vorgänger, die französischen Karikaturisten des 19. Jahrhunderts wie Honoré Daumier. Die Zeichner des *Simplicissimus* oder des *Charivari* sind zu finden und dann die Karikaturisten, deren Bilder nach wie vor erklären, was gern unter der Decke gehalten wird: Saul Steinberg, Sempé, Flora, Toni Ungerer oder der Österreicher Manfred Deix. Und es muss noch ein Engländer erwähnt werden, dessen Geist im Museum schwebt: Ronald Searle. Seine Bilder sind skurril, nervös. Er zeichnete seit den vierziger Jahren für den *Punch,* zuletzt für *Le Monde* und dazwischen für zahllose andere Magazine der Welt, war Kriegsberichterstatter, Reportagezeichner, Buchillustrator, Werbegrafiker und Trickfilmzeichner. Besonders bekannt sind seine Cartoons um die boshaften Zöglinge des Mädcheninternats St. Trinian's, das er irgendwann selbst nicht mehr sehen konnte. Er schenkte vor seinem Tod 2011 nicht etwa dem British Museum oder dem Londoner Cartoon Museum seinen gesamten Bestand, sondern den Hannoveranern. Das ist deutlich mehr als nichts. Der Engländer, der später in Südfrankreich lebte, liebte Champagner und Katzen, er hasste Macht und Krieg. Gefällt mir. Wer dieses Kapitel interessant fand, interessiert sich auch für das nächste.

Der Karikaturist Nel

Tägliche Verzweiflung

Ioan Cozacu läuft auf der Treppe seines Hauses in Erfurt schweigend nach oben. Er sucht eine Idee. Im Zimmer des ausgebauten Dachbodens besucht der Mann deshalb seinen Lieblingskaktus. Manchmal hilft das. Der heute 62-Jährige braucht Ideen, er lebt davon. Er ist Karikaturist aus Thüringen, das er die verlängerte sächsische Humorzone nennt.

Schweigt der Kaktus, läuft der Zeichner die Treppe ganz nach unten. Im Keller schaut er nach dem tropfenden Wasserhahn und hofft, die Blockadehaltung in ihm möge sich lösen. In seinem Arbeitszimmer im Erdgeschoss läuft er später auf und ab. An der Wand hinter seinem Zeichentisch hängt ein Selbstporträt, das den Treppenwitz seiner täglichen Verzweiflung festhält. »Zack, pack, bum fertig. Ich glaube, ich war an dem Tag richtig sauer«, sagt Cozacu, der auf dem Bild mit mürrischem Gesicht, die Hände auf dem Rücken, in einer Ecke steht wie ein kleiner Junge, der seine Strafe abwarten muss. »Die Ecke, in die ich mich stelle, ist mir genug. Ich habe ja Boden unter den Füßen, und nach oben ist alles offen. Diese Freiheit genügt mir. Ich brauche keinen Tummelplatz für meine Arbeit«, sagt er. Gedankliche Freiheit, keine körperliche. Von oben kommt der Einfall. Links unten steht NEL geschrieben. So unterzeichnet er all seine Karikaturen. Nel nannte ihn seine Cousine, weil sie Ion nicht aussprechen konnte.

Die Eingebung kommt irgendwann wie ein Hirnkurzschluss. Der Gedanke saß irgendwo auf der Treppe zwischen Boden, Keller, Strafecke und Schreibtisch. Es entwickeln sich Linien für Nel-Menschen, die unproportioniert sind, halslos, großbeinig und kopflastig. Nach der Formgebung der Strichmännchen

folgt die Coloration. Orange, blau oder grün verteilt sich als Schatten an den Linien oder als Hintergrund.
Nel nennt sich einen Menschen mit Integrationshintergrund. 1953 kam er in Klausenburg, dem heutigen rumänischen Cluj, zur Welt. Sein Großvater war reich, ein Schuldirektor, dessen Vater Pfarrer war. Im rumänischen Sozialismus ging der Glaube jedoch unter. Der Großvater glaubte, dass Bildung das einzige Mittel sei, gegen Dummheit bestehen zu können und ließ den Enkel Deutsch pauken. »Ich paukte, lernte aber lieber Französisch, das fiel mir viel leichter als diese Der-die-das-Sprache«, sagt der Karikaturist. Der Vater, Arzt, die Mutter, Lehrerin, verlangten ebenfalls von ihrem Sohn, er möge die Kritzelei lassen. »Mein Vater wollte mich vom planlosen Malen abhalten, ich sollte gerade Striche zeichnen und Architekt werden«, sagt Cozacu, erzählt aber einen Atemzug weiter, dass er als Zwölfjähriger ein Buch besaß, das seine Fantasie beflügelte. Durch »Die Legenden des Olymps« setzten sich in seinem Kopf Figuren fest, halb Mensch, halb Tier, die Hydra, das schlangenähnliche Ungeheuer der griechischen Mythologie gehörte zu seinen Lieblingen.
Und dann besaß der Junge ein Abonnement der französischen Zeitung L´Humanité, ein Schatz, denn das Papier war bedruckt mit Comics, beispielsweise von José Cabrero Arnal, einem spanischen Karikaturisten, der in Paris lebte und mit dem Hundecomic Pif le chien berühmt wurde. In der Zeitung sah Ioan Cozacu erstmals Zeichnungen von Guillermo Mordillo, dem argentinischen Zeichner, der schon mit 18 Jahren Kinderbücher illustrierte, später weltberühmt wurde und einen Humor besitzt, der Nel aus dem Herzen lacht. Dennoch fügte er sich, und begann Architektur zu studieren.
1973 ging er als junger Mann in die DDR, nach Halle, im Glauben, sein Studium fortzusetzen. Doch auf der Burg Giebichenstein landete er in einem Kunststudium. Damit hatte er nicht

gerechnet, aber es gefiel ihm. Womit der Vater nicht gerechnet hatte, war die Liebe. In Halle lernte Cozacu während des Studiums eine Frau kennen, der er bis heute treu und so seiner Heimat fern blieb. Er fühlte sich im Land der Der-die-das-Sprache immer wohler, obwohl er gesteht, im Herzen für immer Rumäne zu sein.

Nel liebt solche fragwürdigen Verhältnisse, sie liefern Ideen für sein Lebenswerk, die Karikaturen, die entweder in einer Zeitung landen oder im Papierkorb. Cozacu sagt: »Im Papierkorb sammelt sich tagsüber im Handumdrehen ein Berg von zerknüllten Zeichnungen an. Das befriedigt mich, denn ich kann sagen: Du hast es wenigstens versucht.« Manchmal landet auch eine Karikatur im Papierkorb, die keiner wollte. Als er zum Beispiel eine Gruppe junger arabischer Mütter malte, denen bei einer Al-Kaida-Mütterberatung empfohlen wurde, den Embryos Sprenggürtel um den Bauch zu schnüren und die Nabelschnur als Zündschnur zu nutzen, da meinten die Redakteure, sie würden das nicht drucken, um ihn zu schützen. Er lieferte eine Karikatur, auf der ein Karikaturist einem Mann ein Stück Papier hinhält, auf dem der karikierte Nel-Kopf gezeichnet ist. Unterschrift: »Sie wollten doch den Kopf des Karikaturisten.« Gedruckt wurde die Zeichnung bis jetzt ebenfalls nicht.

Gott scheint dem Schalk jedoch beizustehen. Deshalb nutzt er den Heiligen gern als Figur. Die brachte ihm Glück. Mit einem himmlischen Cartoon gewann er den Deutschen Karikaturenpreis.

Wir sehen: Die Schöpfung ist auch nicht mehr als alltägliche Schichtarbeit im Glaubenskraftwerk. Ein Grenzfall. Denn wie viel Spannung in der Zeichnung liegt, bekam der Karikaturist sofort nach der Preisverleihung zu spüren: Mehrfach wurde ihm die Frage gestellt, ob er Gott beleidigen wolle. Nel antwortete in aller Seelenruhe: »Es ist Gotteslästerung zu glauben, man könnte über Gott lästern.« So wie der Satz sind sei-

ne Zeichnungen: Immer einen Gedanken weiter als der, der fragt.
Nach wie vor schaut Cozacu mit Abstand auf die deutschen Buchstaben seiner Wahlheimat, als deren Staatsbürger er sich inzwischen anmeldete. Er fragt sich, wie Substantive zusammenkommen, ein neues Wort bilden und vor allem, warum zwei unterschiedliche Wörter zusammenhalten. Er mag Wörter wie Habseligkeiten, weil es einen emotionalen Besitzstand ausdrückt. Er mag auch Terrakottaarmee, weil hier so viele Buchstaben doppelt vorkommen. Aus dieser Sprachanalyse entstehen seine Ideen, die er dann in Bilder umsetzt. Dass Gott tagaus, tagein arbeitet und möglicherweise den Tag ein- und später wieder ausschaltet, das schoss ihm wie ein Blitz ins Hirn. Gott als Elektriker mit Ökumene-Strom, ein Menschenfischer mit Stromnetz, diese Interpretationen kamen später hinzu. Nel geht wieder in den Keller, nicht um den tropfenden Wasserhahn zu reparieren, sondern um das Bild einzuscannen. Digitalisiert taucht es im Computer wieder auf und versendet sich per Tastenbefehl in die Redaktionsräume deutscher Verlage.

Nel
(www.nelcartoons.de)

Deutsches Phänomen 2

Nachricht von Spam

Saundra Stahl fehlt. Sie schreibt nicht mehr. Dabei wollte sie ihm helfen: »Du suchest alte Schult-Freund. Ich weise Hilfe für Einsamkeit.« Auch Hassan Lautzenheiser schreibt nicht mehr. Dabei wollte er seinen Adressaten unterstützen: »Ich habe gegenseitiges Gesch?ft Vorschlag von gemeinsammes Interesse mit Ihnen teilen. So beinhalten die ?bertragung von einer gro?en Geldsumme.«

Saundras und Hassans Botschaften steckten in unseren Mailfächern. Wir erhofften eine innige Brieffreundschaft. Doch jetzt schweigen sie. Wir ahnen, warum. Sie führen kein einfaches Leben. Ihre Offerten landen in Verdachtsordnern oder werden abgewehrt von Feuermauern samt Selbstschussanlage. Sie bekommen neben Gerichtsurteilen Diffamierungsprädikate wie Mailbox-Schmeißfliege, Abfallhändler oder Plunderschreiber. Sie werden degradiert zu Boten elektronischer Werbesülze oder zu Pestverteilern des Internetzeitalters, die millionenfach die Digitalpostfächer unverlangt mit Lockmüll zuschleimen.

Saundra und Hassan sind Spammer, und ihre Nachrichten heißen Spam. Sie versenden massenweise Mails, sie werfen im World Wide Web Schleppnetze aus, um einen guten Fang zu machen. Es sind weltweit um die 70 Billionen Spammails, die jährlich 35 Millionen Kilowattstunden und 100 Milliarden Arbeitsstunden verbrauchen. So sagt es eine amerikanische Studie. Auch wenn der Hinweis auf eine amerikanische Studie bereits wirkt wie eine neue Spammail, bekommen wir doch eine Vorstellung von den Dimensionen des weltweiten Spamismus.

Das Zentrum der Bewegung ist verteilt auf drei Länder: USA, Brasilien, Russland. Dort kommen die meisten Spammer her.

Saundra, Hassan und ihre Kollegen haben also einen Migrationshintergrund. Deshalb auch die orthografischen Textkapriolen. 0,025 Prozent gutgläubige Empfänger lesen und reagieren auf diese Mails und setzen dabei erwünschte Vorauszahlungen in den Spamsand. Die Masse macht das Geschäft. Ein trojanischer Krieg im Netz. Deshalb rangieren Spammer im Imagekatalog der öffentlichen Meinung zwischen Staubsaugervertreter und Selbstmordattentätern. Nepper, Spammer, Bauernfänger.

Integrationsversuche mit Übersetzungshilfe unternehmen seit Jahren Künstler. Zwei Unverbesserliche aus Sachsen und dem Rheinland versuchten es mit Spammer-Porträts. Ihr Projekt heißt »Spammernamen« und verhält sich wie ein ständig wachsender Spamordner. Die Porträts werden auf 29,7 mal 21 Zentimeter großem Kartonpapier gezeichnet. Die beiden Künstler planen eine »Spammerale«. Dort können wir uns alle Spammer ansehen.

Die Spammer haben es verdient, endlich geehrt werden, denn ihre Einfallsquote ist phänomenal, ihre Kreativität unendlich. Sie nennen sich auch Dr. Sa Mual Bent, Ceri Hitzfeld, Alana Madrid, Ramona Champion, Octavia Felder, Bartholomeus Abdulkaf, Guadalupe Christensen, Salami Osahon, Armwood Hendershott, Dr. Razi Tabansi, Dereka Blanke, Kristal Trudie, Fausto Hornbarger, Druetta Krichbaum, Maria Casanova. Sie sind das Personal unserer kühnsten Fantasie. Wir wären nicht drauf gekommen. Aber sie. Denn sie sind Freidenker, die sich selbst schönreden.

Gut so. Denn sind es nicht Saundra, Hassan oder Osia oder Alon, die uns, den einsamen Wölfen am Computerarbeitsplatz, täglich eine Überraschung bereiten oder Gewinne versprechen? Sahnen wir nicht alle gern was ab? Ist es nicht angenehm zu spüren, wenn sie dir juristischen Beistand bieten, medikamentöse Aufmunterung, zinslose Kredite, lustvolle Reisen, wertvolle Uhren, freie Stellen, liebevollen Beischlaf und/oder ein faltenfreies Leben? Täglich gehen wir ins Netz ihrer Hilfsbereitschaft, die wir da draußen vor der Mattscheibe nicht mehr zu spüren bekommen. Ignoranz nennt sich die größte Angst des modernen Menschen. Aber Spam heißt: Je voller das Postfach, desto wichtiger. Spam ist die Maßeinheit des Wahrgenommenwerdens. Immerhin besteht das tägliche E-Mail-Volumen bis zu 97 Prozent aus Spams. Kann so viel Spamspam schlecht sein?

Saundra Stahl gleicht einer verwandelten Fee, die mit Sonnenbrille und Einkaufbeutel ein Päuschen auf einer Bank wagt. Ihr Knutschfleck am Hals zeugt von ihrer Liebenswürdigkeit, die Einkaufsbeutel von ihrer Vorsorgementalität, ihr brasilianisches Profil von ihrem Temperament, uns auszunehmen. Ihre Elektrobriefe fordern Aufmerksamkeit, sie verlockt uns.

Natürlich müssen wir unterscheiden. Als Osia Schruth noch mit der Verlängerung diverser Körperteile, Hausfrauenbefriedigung oder blauen Pillen für eine Dauererektion lockte, da ahnten wir: Das ist Unter-der-Gürtellinie-Anmache, billige Abzock-Mentalität. Gut, dass das heute selten oder vorbei ist. Osia hat verstanden, dass der schöne Schein besser funktioniert als der schnöde Schniedel, der im Mailverkehr untergeht wie der Billigtanga im Kaufhauswühltisch. Unmoralische Angebote sind die Kultur alter Spanner, nicht der modernen Spammer. Die wollen mehr. 24-Stunden Rundumversorgung mit permanentem Zugriff auf irgendwas. Ohne Rationierung. Spam, Spam, Spam über alles. Hauptsache, da ist was, auch wenn es nur zum Löschen da ist. Aber Löschen ist immer noch besser als nichts. Gleicht nicht ein leeres Mailfach einem leeren Leben?

Da hilft Alon Forgotten. Ein Feingeist, der es gemütlich mag, der seine Baptistenbibel ins Schummerlicht hält. Halten muss. Denn Strom kostet. Und Rohstoffe wachsen in den USA auch nicht mehr auf Bäumen. Deshalb der Pullover. Die Medikamente, die er anbietet, haben auch ihm nicht geholfen, aber wer

Placebo mag, wird bei ihm fündig. Und so helfen wir ihm. Auch Spammer wie »Hassan vom hinterm Ural« predigen keinen Hass, sie wollen nur unser Geld. Eine kleine Gebühr, ein Scheck auf die Hoffnung, es könnte besser werden. Hassan ist alt und braucht das Geld. Nur deshalb verkauft er im Netz Kleinkredite für Schuldner. Sein wirtliches Gesülze in unwirtlichen Zeiten schenkt Trost. Er gibt uns Kredit. Vergeben wir unseren Schuldnern, denn sie schaffen Kommunikation. Das ist es, was uns fehlt. Howgh, wir haben gespamt.

KAPITEL 3

Heiter bis tödlich am Humornordpol

Von Husum bis HH-Altona und dann noch Eppendorf

Fahren wir nach Norden. Eroberung des Humornordpols heißt die Expedition. Die Abenteurer Robert Edwin Peary und sein Konkurrent Frederick Cook hätten ihre Freude daran. Die Nordpol-Reisenden erlaubten sich allerdings einen Scherz mit ihrer Behauptung, als erste am Ende der Welt gewesen zu sein. Darüber lachte die Welt Anfang des 20. Jahrhunderts. Die grönländischen Begleiter Pearys nannten den Nordpol übrigens »kingmersoriartorfigssuak«, den Ort, an dem man gezwungen ist, seine Hunde zu essen. Hört sich vergnüglich an wie Überlebenstraining.

Ein Deutscher steht an der Reling eines Fährschiffes während eine Böh übers Wasser huscht. Der Deutsche muss sich übergeben. Der Fährmann sieht dies und versucht ihn zu trösten: »Seien Sie unbesorgt, mein Herr, aber an der Seekrankheit ist bis jetzt noch keiner gestorben.« Darauf der Deutschen: »Sagen Sie das bitte nicht, denn die Hoffnung, dass ich gleich sterben werde, ist im Augenblick das Einzige, was mich noch am Leben hält!«

So optimistisch sind die Norddeutschen, die die Nordsee lieben, weil sie den größten Grenzfluss zu den Engländern darstellt. Über 100 Jahre später wird die Expedition an die Wasserkante nicht leichter. Denn den Humor im Norden zu erobern gleicht einer Überfahrt zum Eismeer. Das erste Basislager liegt in der Gemeinde »Witzwort«. Dabei verfügen die Küstenbewohner über wenig Wortwitz. Sie sehen beim Humor eher schwarz und wissen genau, das Auge sieht mit. Ein klarer Kurzer klärt Unklares. Denn klar sollten die Dinge schon sein. So wie auf dem Witzwort-Wappen: Welle, Ochse, Haubarg. Das ist ein großes Bauernhaus auf acht Ständern mit 99 Fenstern, Reetdach und Mauern aus roten Klinkern. Deshalb ist es der Rote Haubarg in Witzwort, auch wenn die Wände schon lange weiß gekalkt sind. Der Name war da, also bleibt der Name da. Die Haubarg steht seit dem 17. Jahrhundert an dem Ort und trotzt jeder Sturmflut. In dem Haus ist ein Restaurant, und was hört der Besucher da? So einiges.

Zwei Seeleute sitzen da und da sagt der eine nach einer Stunde zu dem anderen: »Ich war mal wieder in London. Verdammt war das ein Nebel. Du konntest die Hand nich vor Augen sehn.« Sagt der andere: »Jo. Ich bin schon mal in einer Stadt gewesen, da war es noch viel nebliger als in London.« Sagt der eine: »Wo war das?« Sagt der andere: »Weiß nich, hab die Stadt nich gesehn, war so viel Nebel.«

Oder der Besucher hört das:

Fragt der eine: »Is was?« Sagt der andere: »Is nix.« – »Ich kenn Dich doch, da is was.« – »Is nix.« – »Da is doch was.« – »Is wegen Elfriede.« – »Elfriede?« – »Jo.« – »Was is da?« – »Is nich zufrieden.« – »Wo?« – »Sach ich nich.« – »Sach schon.« – »Im Schlafzimmer.« – »Da is sie nich zufrieden?« – »Nö.« – »Da musst Du sie mal am Ohr streicheln und dann im Nacken küssen und dann mit dem Grashalm zwischen der Brust kitzeln und ihr das Knie anfassen.« – »Mach ich nich.« – »Mach mal, ich weiß es, dann is sie zufrieden.«

Oder das:

»Das tut weh.« – »Was?« – » Meine Füße.« – »So.« – »Das kommt vom vielen stehen.« – »Jo.« – »Das wird immer schlimmer.« – »Warst mal beim Doktor?« – »War ich.« – »Und?« – »Hab Plattfüße.« – »Plattfüße?« – »Jo, Plattfüße. Kann man nix machen, sagt der Doktor, Plattfüße sin Plattfüße.« – »Hast es mal mit der Luftpumpe versucht?«

Raue Schale, harter Kern. So scheint es, aber da sitzt natürlich ganz tief irgendwo drin ein Herz. Ist noch keiner ertrunken, der nicht sollte. Mehr ist in Witzwort nicht, nur noch Meer. Oder dieser Döntjes:

Einer Bauersfrau widerfährt ein großes Unglück, sie wird von einem Pferd totgetreten. Eine Woche später ruft der Pastor bei dem Witwer an und fragt: »Haben Sie denn viele Beileidsbesuche gehabt?« – »Jo, Herr Pastor, ziemlich viel, alles Männer und alle wollten das Pferd kaufen.«

An der Küste liegt ein paar Meilen weiter die graue Stadt am Meer: Husum. Basislager zwei. Wenn es einem geht wie dem Schimmelreiter dort, dann brauchst Du Scherzmittel, sagen sie da oben platt und leise. Die brausen nicht gleich auf wie der Sturm, obwohl Husum als die deutsche Stadt mit der im Jahresdurchschnitt höchsten Windgeschwindigkeit gilt. Es is so, und? So is es. Die lassen den nächstbesten Großkotz lieber auflaufen wie eine alte Barkasse, als eine Böe zu blasen. Sie reißen einen Witz, den der andere erst versteht, wenn es zu spät ist. Für ihn. Zum Beispiel so:

Auf einem Schiff mit kleiner Besatzung merkt der Kapitän, dass ihm ein Rettungsring fehlt. Doch das Schiff ist am Sinken. Der Kapitän fragt seine Mannschaft: »Wer von euch kann am besten beten?« Hein ruft: »Ich, ich!« Kapitän: »Du kriegst dann keinen Rettungsring.«

Oder so:

Ein Amerikaner kommt in die Kneipe und erzählt, dass er vier Stunden braucht, um zu Hause in Texas mit seinem Auto seine riesige Farm zu umrunden. Da ist erst mal Schweigen in der Runde, später dann sagt einer der Norddeutschen am Tresen: »So ein Auto hätte ich auch gern.«

Oder:

Auf Nordstrand stirbt Eltern ein Kind. Wird schön in Sarg gelegt, alles schön. Noch ehe das Kind beigesetzt wird, stirbt plötzlich auch das kleine Brüderchen. Verdammt. Fragt die Frau: »Alles noch einmal, noch ein Sarg, noch mal Kosten?« Sagt der Mann: »Och, tun wir in Tüte und packen obenauf.«

Das schmerzt wie das sinnlose Rennen eines Clowns, der winkt, weil sein Zirkus brennt, aber es glaubt ihm keiner. Der Narr läuft und ruft, der Zirkus brennt, alle lachen. Er rennt durch die Straßen wie die Witzfigur des globalen Abschlussballs. Er macht sich für uns lächerlich bis zum jüngsten Tag. Ein Lachopfer, das auf dem Altar der Endzeitstimmung geopfert wird. Der Zirkus brennt. So is das. Schnell was Harmloses hinterher:

Was sind 50 Blondinen Ohr an Ohr? Ein Windkanal.

Von Husum aus kann sich der Reisende langsam Hamburg nähern, der beliebtesten deutschen Stadt. Die sieht von weitem

besser aus als von Innen. Aber dort tut sich was vor und hinter den Fassaden klassischer Eleganz. Da handeln sie in der Speicherstadt noch immer mit Teppichen, der zweitgrößte Handelsplatz neben Teheran. Sonst sind da Museen für Kunst und für Eisenbahnfreunde. Gibt Leute, die verbringen da eine ganze Woche und wurden nie wieder gesehen. Die Stadt bekommt ein neues Gesicht, obwohl schon das alte nicht schlecht war. 40 Prozent neue Stadtfläche in der Hafencity, das Gegenmodell zu Altona. Da draußen spürt der Gast noch das urbane Leben, soziale Endstation zum einen, alternative Schönheit zum anderen, eine Mischung aus angegrautem Hotel und aufpolierter Boutique. Die Fußgängerzone passt sich den Zuwanderern an, Frisöre aus Russland, der Türkei, aus Syrien oder Polen gehen dir durch die Haare. »Hast Du schöne Locken«, sagt die vollbrüstige Schererin aus Kroatien.
Ein paar Straßen weiter eine andere Szene, die zum YouTube-Hit wurde: Bei einem Interview zu seinem neuen Album spricht der Hip Hopper Fard mit den Kollegen von Hiphop.de auch über das große Thema Flüchtlinge und Rassismus. Da kommt der kleine Niklas auf die beiden zu. Fard fragt den Vierjährigen: »Warst Du heute im Kindergarten?« Niklas: »Ja.« Fard: »Gibt es da auch Ausländer?« Niklas: »Nein, da sind Kinder.«

Sobald Sonne aus den Wolken kriecht, kommen alle Hamburger raus. Und das in allen Stadtteilen. Ein Hanseat wartet nicht auf 25 Grad im Schatten, er will an die frische Luft und liegt dann auch mal in eine Decke gehüllt am vanillegelben Sand unten an der Elbe.
Ein paar Schritte weiter das Altonaer Theater. Da spielen sie Bücher. Der Kölner Holger Umbreit, der seit 20 Jahren in Hamburg lebt, bei Hafenkante mitspielte, aber irgendwann zum Fitnesstrainer wurde, liest dort. Er arbeitet jetzt nicht mehr als Trainer,

sondern liest die Geschichte von dem Hundertjährigen, der aus dem Fenster stieg. Umbreit überraschte seine Idee so sehr, dass er selbst am meisten staunt, was da passierte. Er rief beim Verlag an und fragte, ob er aus dem Buch lesen dürfe und die hatten nichts dagegen, erzählt er. Er baute mit Schauspieler Jörg Schüttauf und Freunden ein Theaterstück und jetzt spielen sie. In der ersten Saison hatten sie 65.000 Besucher. Umbreit kann es nicht fassen. Draußen in Altona spielen sie nachts Musik, im Hof brennt ein Feuer und deutsche und türkische Nachbarn flüstern.

Einer sitzt da und heult. Da fragt Gott, warum er weine. »Sag ich nich.« – »Sag schon, ich bin Gott.« – »Ich komm aus Altona.« Da setzt sich Gott neben den Mann und weint mit ihm.

Altona verändert sich, aber schielt nicht rüber zur Hafencity. Die ist anders. Dahin breitet sich Hamburg aus. Noch wirkt der neue Stadtteil wie Klein-Dubai, in Sand gesteckte Designerbauten, nur Kübel mit Grün, aber exklusive Shops und Büros. Manchmal schmeißt eine Firma eine Party, dann gehen alle hin, die gesehen werden wollen, aber vor dem Laden im rechten Winkel parken, weil an Hamburg auch Spießigkeit klebt, die aber keiner übelnimmt. Die Gäste stehen cool angeschminkt mit dem Cocktail in der Hand in der Langnese-Happiness-Station oder im Suppen-Studio. Da steckt viel Fantasie drin. Nichts mehr von Basislager, sondern hier verkaufen zielorientierte Außendienstmitarbeiter Zukunft.
Der Urhamburger mit seinem Quäntchen Eigensinn nimmt es gelassen. Wie immer. Auch die Kritik an dem ewigen Bau der Elbphilharmonie hält er für dussliges Gequassel. Wat mutt dat mutt. In Sydney stiegen die Baukosten der Oper schließlich auch von ursprünglich 3,5 Millionen Dollar auf 50 und statt 1965 eröffnete das Haus 1973. Und die olympischen Sommerspiele fanden dann im Jahr 2000 in der australischen Metropole

statt. So is das. Hanseatische Selbstbewusstheit und ichbetonte Straffheit sind so alt wie Fischkutter und Hafennutten. Die Lage am breiten Strom mit dem mächtigen Hinterland hat zähen Kaufmannssinn stolz erhalten. Sturmgeprüft erhielt man sich den harten Blick für die Realitäten des Lebens. Der Scherz webt sich aus Tragödien. Ein Bold, kühl und bitter. Jedes Wort zu viel ist überspönig. Hier wird nichts versprochen, aber alles gehalten. Noch Fragen?

»Du, Fiete, was eigentlich is ein Phänomen?« – »Ein Phänomen?« – »Jo.« – »Wat das is?« – »Jo.« – »Dat is ... Also, du weißt doch was ein Seehund is?« – »Jo.« – »Und du weißt doch, was eine Straßenlaterne is?« – »Jo.« – »Un nuh stell Dir vor, dass oben auf ne Straßenlaterne ein Seehund sitzen tut. Das is ein Phänomen.« – »Jo.«

Bei der kleinen oder großen Hafenrundfahrt geht es nicht zum Urologen, sondern an den Kränen und Frachtern vorbei, den Containerschiffen, die ihre Blechkisten bis unter die Wolken stapeln. Auf den Docks liegen eine Menge Marinekähne. Der Kapitän der Rundfahrtbarkasse scherzt und meint, da vorn an Land auf dem Fischmarkt gibt es alles, was ein Mensch 24 Stunden später nicht mehr braucht. Und er scherzt, dass auf den Michel da in der Stadt zur Hochzeit die Schwiegermutter zu Fuß alle Stufen hochgehen muss, und dann sagen die Hamburger, jetzt lässt der Bräutigam seinen Drachen steigen. Und dann scherzt er, dass die Werft Blohm & Voss hier die ganze Bundesmarine wieder aufrüstet, fette Kriegsschiffe würden gebaut, und er weiß gar nicht wofür. Vielleicht um die Flüchtlingsboote im Mittelmeer zu versenken. »D2«, denkt der Engländer. Der Deutsche sagt: »Versenkt.« Und er findet das lustig, weil es schon wieder rausgeht auf die Meere und Blohm & Voss ja noch weiß, wie das geht mit den Kanonenkreuzern, denn die

Kreuzfahrtschiffe brauchen freie Fahrt und keine menschlichen Hindernisse vor dem Bug. Das ist ein Phänomen, sagt der Mann am Steuer.
Im Ohnsorg-Theater gleich am Hauptbahnhof steht vor der Kasse ein Schild: Tööv man, bet Du an de Reeg büst! Velen Dank. Das gibt dem Besucher gleich Bescheid. Da kann er sich noch überlegen, ob er zahlt, er kann in Hamburg auswählen zwischen 50 Bühnen. Der echte Hamburger geht da sowieso selten hin. Während draußen vor dem Bahnhof die Kerle, die nie von hier wegkommen, ihr Zuviel an die Mauern übergeben, schlendern gegenüber vor dem Eingang der Ohnsorg-Bühne herrschaftlich Herrschaften in Erwartung des fröhlichen Abends. Parkett und erster Rang bestens besucht, Komödie soweit die Bühne reicht. Im Studio läuft wochenlang »Goot gegen Nordwind«. Eine Geschichte zweier Menschen, die sich per E-Mail näherkommen, aber das Leben reißt sie aus der Bahn. Die Realität ist härter als Träumen. Zusammen bleiben beide allein. 66 Jahre spielte hier Heidi, die Glückliche. Kürzlich bekam der Platz den Namen der legendären Kabel und die Volksschauspielerin einen lebensgroßen Bronzeguss. Hamburg und Heidi und Heidi und Hamburg, das bleibt eins. »Humor«, sagte die Schauspielerin oft, »muss man herzhaft rüberbringen, weil die Leute mit ihren Sorgen und Nöten einfach mal lachen wollen. Und dafür war ich immer da.« Alles andere wäre eine Kabelstörung, meint der Techniker des Hauses. Alle verehrten die Frau wegen ihrer Nähe zum Publikum, so als wäre sie eine gute Nachbarin.
Das Ohnsorg-Theater pflegt diese Art des Spiels, ein Volkshaus, in dem Schauspieler Plattdeutsch sprechen, aber vor allem unterhalten wollen. Ein Narrenhuus, wie es auf dem Spielplan steht. Und so kommt es vor, dass Familie Malentes die Musik der 1970er- oder 80er-Jahre feiert. Hamburger Schauspieler, die der Wirtschaftswunderzeit nachfühlen und

die Sehnsucht nach der guten alten sozialen Marktwirtschaft pflegen. Da vergessen alle den bösen Kapitalismus, der gerade wieder seine Manchestermentalität offenlegt. Der Westen war so goldig, bis die Mauer fiel, und das wird bei Ohnsorg gefeiert, bis die Bretter, die ihre Welt bedeuten, krachen. Das gehört genauso zu Hamburg, dass der Osten weit weg liegt und hier die alte Hanse ungestört ihren Geschäften nachgehen kann. Der alte Stolz von ehedem, schon Republik gewesen zu sein, als alles umher noch Monarchie hatte, verlor an Bedeutsamkeit, aber die alten Familienbande zerschlägt keiner, der hier neu vor Anker geht.

Der Hamburger fand nach langem Suchen sein Witz-Symbol, um sich auszudrücken: Klein-Erna. Die Geschichten landen immer noch in den Programmen bei Ohnsorg, weil sie so schön lakonisch sind. Die Erfindung geht auf eine wahre Person zurück. So wie Max und Moritz in der Buschmühle abenteuerten, ließ sich Anfang des 20. Jahrhunderts Erna Nissen die Anekdoten auf den Leib schreiben. Dabei passierte dem in Schleswig-Holstein geborenen Mädchen nur ein Missgeschick. Als sie ein Boot auf den Namen Klein-Erna taufen sollte, ging beim obligatorischen Sekt-Wurf die Flasche nicht kaputt. Als die Familie 1906 nach Hamburg zog, verbreiteten ihre Brüder die Geschichte und erfanden neue hinzu, und dann erzählten sich andere andere Geschichten von Erna. Die Schriftstellerin Vera Möller sammelte die Döntjes und veröffentlich ab 1938 mehrere Folgen davon. Aber das sind längst nicht alle, es gibt viel mehr, die in Kabaretts oder in Kneipen erzählt werden.

Nummer 1:

Die Mutter beauftragt Klein-Erna während ihrer Abwesenheit, ihren Bruder Heini immer an der Hand zu halten. Nach einer Stunde kommt Mutting zurück, sieht Klein-Erna bis zum

Hals im Wasser stehen. »Und wo hast Du Heini?«, fragt Mutting. »An Hand«, sagt Klein-Erna.

Grausame Nüchternheit. Aber das ist der Witz. Das ist Hamburger Realismus in all seiner Härte, der nicht gefällig ist, aber Gefallen sucht.

Nummer 2:

Klein-Erna kommt mit den Eltern vom Strand nach Haus zurück. Oma fragt: »Na, Ähna, wie war's? Was hast alles gesehn?« Erna: »Oma, viel Leute waren da am Strand. Und die mehrsten waren barfuß bis oben an Hals.«

Nummer 3:

Mutter zu Klein-Erna: »Ähna, geh nich so nah ran an die Eisbären – bist sowieso schon so erkältet!«

Nummer 4:

Klein-Erna geht mit ihr'n Heini in Dunkeln spazieren. Und wie sie inne Gegend von Bismarckdenkmal sind und 'n büschen rumknutschen, sagt Klein-Erna mit'n mal: »Heini, wis ma sehn, wo ich an Blinddaam opariert bin?« – »O ja, Ähna, zeig mal her!« – »Kuck mal, da unten, wo die vielen Lichter brennen, da is das Hafenkrankenhaus, da bin ich an Blinddaam opariert!«

Nummer 5:

Mutter fragt: »Ähna, was spielt ihrn da?« – »Mann und Frau.« »Und wo is Jochen?« – »Untern Tisch, der soll gleich geborn werden.«

Prinzip verstanden. Der Hamburger Witz spielt aber zudem in Geschichten wie diese:

> Frau Mönkemeyer kündigte ihr Theaterabo. Da fragt die Nachbarin: Warum? Frau Mönkemeyer: »Seit 40 Jahren sitze ich bei jeder Premiere auf ein und demselben Stuhl. Und seit 39 Jahren sitzt vor mir dieses grüne Kleid. Ich halt das nicht mehr aus!!!«

Oder diese:

> Die Nachbarin ruft: »Frau Mönkemeyer, Ihre Jungs sind schon wieder in unserem Garten und stehlen Äpfel!« – »Wo da nur wieder Stiene sein mag, ich hab ihr doch gesagt, sie soll bei ihren Brüdern bleiben.«

Oder diese:

> »Heini«, sagt der Kapitän zu dem Matrosen, der oben am Mast etwas ausbessert. »Heini, nachher kommt hier der Leichenzug des verstorbenen Lotsen vorbei, da rutscht Du auf Halbmast, is klar!«

Da muss einer schon genau zuhören, wenn neben Platt Missingsch gesprochen wird. Carl Budich, Pädagoge, Schriftsteller sowie Sammler von norddeutschen Witzen und Döntjes betrachtete sich die Sprache der Hamburger und gab Wörterbücher heraus, um zu verstehen, was da gesagt wird. Missingsch vermische Hochdeutsch mit plattdeutscher Syntax und Artikulation. Muss man wissen, wenn es so klingt:
Da kann ich nix für. Da weiß ich nix von. Das *ist ja* heißt dascha und zum Augenblick sagt der Hamburger Aumblick, zu ordentlich ornlich oder orig. Das r lässt er im Inlaut aus, den Arzt spricht er Aatz und artig wird aatig. Das j artikuliert er wie das

französische in Journalismus, Jammer gleich Schammer, Etage gleich Etaasch. Dativ und Akkusativ werden grundsätzlich verwechselt: »Das'n feinen Menschen.« Heidi Kabel pflegte die Sprache, dieses Missingsch, Messing, Legierung aus zwei Metallen, zweisprachig zugleich reden heißt die Kunst.
Vom Ohnsorg-Theater runter Richtung Alster geht es zum Atlantic, dem Wohnhotel, wo Udo Lindenberg den Horizont verschläft. Da lebt es sich edel, da kommt gleich der Portier gerannt und fragt, ob der Herr seinen Autoschlüssel abgeben möchte, weil der Wagen doch hin und her chauffiert werden müsste, weil ja noch die anderen Gäste mit ihrem Porsche und Bentley den Platz bräuchten fürs Ein- und Aussteigen. Bis zur Außenalster müssen tausend Fahrräder überquert werden. Die rasen wie in Amsterdam, Vorfahrt für alles, was Räder hat. Stegcafé »a. mora« lockt mit Drinks und Liegestühlen. Übers Wasser gleiten Segler. Hier hat der liebe Gott sein Paradies für die Neureichen hingebaut.
Im Kern liegt das alte Amüsierviertel. Neben der Davidwache steht das St. Pauli Theater mit einem Spielplan von Klassik bis Kabarett. Im Sommer tanzt Lady Salsa in der Kuba-Show. Irgendwas Heißes kommt immer. Verrückteste Hamburger Bühne ist der Dom, spektakulärer Rummel am Heiligengeistfeld samt neuer Attraktion: Fuzzys Lachsaloon, das größte transportable Belustigungshaus der Welt mit kippenden Rolltreppen, Feuerwehrstangen über drei Etagen, Sattelreiten im Wildweststil und Freifallturm. Ein Zwischending aus Kletterkäfig, Geisterbahn und Zirkus.

Nummer 6:

> Klein-Erna sitzt mit Heini auf der Treppe. Kommt die Mutter und fragt: »Was macht ihr denn schon wieder da?« Antwortet Heini: »Ich zeig Klein-Erna bloß, wie man Kinder macht!« Sagt die Mutter: »Achso, ich dacht, ihr raucht schon wieder!«

Natürlich muss man in den Stadtteil Eppendorf fahren. Da findet sich ein Theaterdoppel: Alma Hoppes Lustspielhaus und die Komödie, Winterhuder Fährhaus. Im Lustspielhaus läuft politisch-satirisches Kabarett. Das Satire-Duo Jan-Peter Petersen und Nils Loenicker betreibt die Bühne seit 1994. Fakten zum Haus: 350 Plätze, 280 Vorstellung im Jahr mit 70.000 Besuchern, im Parkett Bistrotische, im Rang antike Stühle. Das Theater existiert seit 1927. Da gastierten Hans Albers, Wolfgang Borchert, Inge Meysel und Heinz Erhardt. Feine Adresse, die in den 1970er-Jahren degradiert wurde zur Probebühne und zum Malsaal. Aber Petersen und Loenicker erweckten das Theater wieder. Hier trifft der Gast alle, die was zu sagen haben: Volker Pispers, Martin Buchholz, Thomas Freitag, Konrad Beikircher, Gerd Dudenhöffer, Christian Ehring, Christoph Sieber Henning Venske, Hans Scheibner, Bernd Stelter, Abdelkarim und Max Goldt.
Und gleich nebenan, nur 50 Meter, einmal über die Brücke, lockt ein Italiener die Theaterbesucher und Schauspieler. Da sitzen sie nach der Probe und essen und rauchen und trinken und reden über die Kollegen gut, die dabei sind, und die Kollegen, die nicht dabei sind, sollten besser nicht hören, was da geredet wird. Aber das Essen ist richtig gut. Und Witze erzählen sie sich bis in die Nacht. Einer kommt bestimmt:

> Da kommt ein Tourist nach Hamburg, geht zum Bahnhof und erschrickt. Er nimmt sein Handy und ruft die Polizei an: »Auf dem Bahndamm liegt ein Gleis!« Der Hamburger Polizist bleibt ganz gelassen und erwidert »Muss so sein«. Dann legt er auf. Wenige Minuten später ruft der Tourist wieder an: »Jetzt ist es zu spät, jetzt haben sie den alten Mann übelfahlen.«

Weiter unten in der Komödie, die in Hamburg-Eppendorf ebenfalls von sich behauptet am Kurfüstendamm zu stehen,

wird Boulevardtheater gespielt. Rauf und runter. Das mit dem Kuhdamm gehört zur Geschichte. In Berlin begann es mit der Komödie, die ihre Produktionen exportieren wollte, wenn die Hauptstädter sich satt gesehen hatten. Also ging es 1988 auch nach Hamburg. Das mit dem Fährhaus im Untertitel gehört ebenfalls zur Historie. Denn das alte Ausflugslokal steht nicht mehr. Dafür ein Stahlglasbau, der wirkt wie das Eingangsgebäude zu einem Kleinstadt-Flughafen. Könnte auch gut ein Gewächshaus für tropische Nutzpflanzen sein. Witzenhausen lässt grüßen. Aber drin im Saal schaut der Besucher auf die Bühne und da spielt die Mutti, die die Autorinnen Julia Zeh und Charlotte Roos mit dem Kabinett zur Gruppentherapie schicken. Halten Sie den Gedanken fest, den sie gerade hatten. Genau das sehen Sie. Angela quadratisch, praktisch, gut.
Otto Waalkes kommt aus dem Norden, geboren in Emden. Er nennt sich »chronisch gefallsüchtig«, aber in die Komödie geht er nicht. Er mischte Hamburg vielmehr mit seiner Brachialkomik auf, erfand den Ottifanten, der niedlich scheint, aber all das Schwarze im Humor stilisiert. »Otto versaut Hamburg«, lautete ein Plattentitel, doch seine Breitenwirkung war viel größer. Er verletzt nie die Schwächeren, sondern setzt sich für sie ein. Er ließ und lässt Susi Sorglos voller Sorge mit ihrem flunkernden Föhn spielen und vom Oberkellner Patzig und vom identitätsgestörten Robin Hood, Beschützer von Witzen und Weizen, scherzhaft Schmerzbotschaften auf dem Pausenhof verbreiten. Otto veralbert Autoritäten, ohne autoritär zu sein, sondern, springt von hinten um die Ecke, zappelt, bis der Lacher kommt. Ein frischer friesischer Wind, ein ganzer Gegensatz zum Bayern Gerhart Polt, dem Otto-Antipoden. *»Ein hab ich noch«* soll ein Otto-Satz sein, aber den hat er genommen und parodiert wie viele Sprüche seines Vorbildes Heinz Ehrhardt, ein Nordlicht, in Riga geboren in Hamburg gestorben. Der Wortverdreher verstand den trocknen Witz, wendete sich in seiner Rede, ärgerte

sich schwarz im Humor, um aus der Depression gerettet zu werden. Der Spaß als Rettungsring. Schließlich weiß keiner, ob er den Humornordpol jemals wieder verlassen kann.
Joachim Ringelnatz, ein Sachse, der den Idealtyp des deutschen Seemanns verkörperte, Kudeldadeldu, schrieb:

In Hamburg lebten zwei Ameisen,
die wollten nach Australien reisen.
Bei Altona auf der Chaussee
Da taten ihn die Beine weh
Und da verzichteten sie weise
auf den letzten Teil der Reise.
So will man oft und kann doch nicht
Und leistet dann recht gern Verzicht.

Expedition abgebrochen, zurück zum Basislager. Und wenn dort nicht mal mehr das Lachen gegen Schmerzen hilft, kein Arzt oder Apotheker Antwort weiß, dann folgen Sie dem Rat des Hamburger Karikaturisten Ernst Kahl: Gehen Sie zum Heilbutt. Jo, da war er endlich, der Wortwitz.

Deutsches Phänomen 3
Handicare Gemino

Was für eine Karriere: Noch vor Jahren galt das Ding als hässliche Krücke auf Rädern. Ein hilfreiches Übel, um aus der Wohnung bis zur nächsten Apotheke oder wenigstens vom Fernsehsessel bis zur Kloschüssel zu gelangen. Doch jetzt steht der Gehwagen nicht mehr nur im Flur herum und stört die Mitbewohner, sondern er gehört zu den Deutschen wie Döner zum Mittag.

In den Garagen der Reihenhaussiedlungen parken immer mehr Rollatoren. »Vorher«, so erzählt ein 89-Jähriger, »besaß ich andere Autos, verschiedene Renaults.« Jetzt steht neben ihm sein letztes Gefährt. »Dieses Fahrzeug ermöglicht mir noch einige Beweglichkeit nach dem Schlaganfall im September 2012.«

Ein 95-jähriger Musiker sitzt im Altersheim auf seinem Rollator neben einem Klavier. Früher spielte der Mann die erste Flöte im Theaterorchester seiner Heimatstadt. Das Instrument schenkte er inzwischen seinem Enkel, da er es selbst nicht mehr richtig halten kann. Aber der Wagen, an dem er sich jetzt festhält, bringt den Rentner in den Festsaal des Seniorenheimes. Da wohnt er seit einigen Jahren, und der Musiker läuft gern zu dem Klavier auf der Bühne, um zu spielen, was ihm noch einfällt.

Auch eine Frau sitzt auf ihrem Rollator. Den gibt sie nicht mehr her, denn nach ihrem Unfall ist es nur ihm zu verdanken, dass sie wieder herumkommt. Im Rollstuhl wollte sie nicht sitzen, der schränkte sie ein, ließ sie klein sein. Sie wollte laufen, trotz gelegentlichen Schwindels, trotz Schwäche und Luftnot. Mit dem Rollator hat sie sich ein Stück Freiheit zurückgeholt.

Es existieren innige Zweierbeziehungen zwischen Menschen und ihren Stützrädern. Der Berliner Fotograf Norbert Kaltwaßer begann Rollatoren abzulichten, weil sie ihm ständig begegneten. Mit seinem Kollegen Jochen Ehmke startete er einen Aufruf, um Menschen zu finden, die als Modell bereitstanden, aber auch von ihrem Umgang mit dem Hilfswagen erzählten. Die Künstler wollten festhalten, was sich da gerade ändert in unserer Welt, die permanent Mobilität einfordert. Überall fahren heute Menschen mit den Dingern herum, im Supermarkt, im Park, im Theater. Irgendwo musste dieses Gerät mit permanenter Fahrbereitschaft doch plötzlich hergekommen sein.

Das Gefährt ist im Grunde nichts weiter als ein umgebauter Einkaufswagen. Aina Wifalk erfand 1978 das Gerät für ihre private Mobilmachung. Die durch Kinderlähmung gehbehinderte Schwedin empfand es als äußerst störend, nur mit einem Stock vorwärts zu kommen und beim Einkauf eigens dafür einen Rollkoffer hinter sich herziehen zu müssen, um Brot und Milch nach Hause zu schleppen. Sich am Einkaufswagen festzuhalten schien ihr dagegen angenehm. Der fiel nicht um, gab Stabilität, und die Ware konnte eingestapelt werden. Nur die Proportionen stimmten nicht, und die Räder waren zu klein. Wifalks optimierte das Fahrzeug für ihre Bedürfnisse, und der Rollator war erfunden.

Der neue Vierräder zur Erweiterung der persönlichen Bewegungszonen überzeugte zunächst die Schweden, setzte sich in den 1990er-Jahren in Deutschland, Österreich und der Schweiz durch, sowohl bei Frauen als auch bei Männern. Die Überzeugungskraft des Wagens mit dem Sitz und dem Korb entsprang allerdings nicht seinem schicken Aussehen, sondern der zunehmenden Notwendigkeit. Der Rollator überholte die Zeit, die noch immer auf Jugend setzt. Dabei rechnete das Statistische Bundesamt schon Anfang der 1990er-Jahre vor, dass die europäische Alterspyramide kräftig aus der Form geht. Sie gleicht inzwischen eher einer Urne. In 50 Jahren wird in Deutschland jeder Dritte älter als 65 Jahre sein und jeder Siebte älter als 80.

Die Deutschen bewegen sich reha-aktiv, und die Walker, wie die Amerikaner die fahrbaren Gehilfen nennen, erweitern die eingeschränkte Bewegungsfreiheit. Längst sind die Rentnerroller nicht mehr peinlich, sondern Gegenstand einer Alltagsdebatte, welches Modell die beste Ausstattung bietet. Den Laufwagen made in China gibt es schon ab 50 Euro, das TÜV-geprüfte Lidl-Fahrzeug für 99,99 Euro und die Edelkarosse ab 1.000 Euro.

Kenner prüfen zuerst das Gewicht. Ein Kassenmodell wiegt um die zehn Kilogramm. Je leichter, desto teurer. Sieben Kilo gelten als sehr gut handhabbar. 2002 trennten sich Nutzer in zwei Gruppen, die Querfalter und die Längsfalter. Damals brachte der norwegische Hersteller Topro seinen ersten längs zusammenklappbaren Rollator auf den deutschen Markt. Bisher galt quer als sinnvoll. Doch egal, in welche Richtung: Das Kleinmachen gehört zur Grundausstattung, wie beim Kinderwagen. Denn wer mit einem Rollator in die Bahn umsteigt oder zu den Enkeln ins Auto, der will nicht stören, sondern sein Vehikel platzsparend unterbringen. Zur Basisversion gehören ebenso Einkaufskorb, Beutelhalter, Sitz und Bremsen.

Sanitätshäuser bauen inzwischen ihre Angebotsflächen aus wie Autosalons. Denn der Markt ist lukrativ. Über 500.000 Stück verlassen pro Jahr in Deutschland die Läden . Die Krankenkasse zahlt einen Zuschuss, und für Ärzte gibt es keine Budget-Grenzen. Der Kunde kann auch mieten. Inzwischen geht der Trend zum Zweit-Rollator: einen aus Holz für die Wohnung und einen aus Metall für draußen. Die Laufhelfer verfügen über Zubehör, das nicht mal ein Fahrrad mitbringt. Die Klemme für den Regenschirm, die Lichtanlage oder ein Navigationssystem zur Suche barrierefreier Wege gehören in die Kategorie Luxus. Nicht zu vergessen die Bereifung, die natürlich im Sommer sommertauglich und im Winter wintertauglich sein muss. Ein schöner Markt für den Reifenservice, der bisher nur Autokunden bediente.

Rollatorenbauer entwickeln sogar elektrisch betriebene Spezialanfertigungen, es gibt Lenkerheizung und Faltdächer. Der Hang zur Altersmobilität treibt Vertriebsexperten zu immer neuen Ideen. Sie nennen die fahrenden Gehilfen Handicare Gemino 30, Russka Vital, Meyra Mobilus, Vola ris S7 Smart oder Invacare Dolomite Jazz 510. Ein Testsieger heißt Topro Troja M und wird vom Hersteller angepriesen als »Urvater der Premiumrollatoren«.

Deutsche Straßen, Plätze, Kaufhäuser oder Supermärkte sind allerdings auf die Invasion der Rollen nicht vorbereitet. Was Rollstuhlfahrer seit Jahren beklagen, merken jetzt auch Rollatorenbesitzer. Stufen, Schwellen, Bürgersteige, schwere Türen oder hohe Bus- und Bahneinstiege behindern das Fortkommen. Altersungerecht zeigt sich die Umwelt aus Sicht der Gehwagennutzer. Das Bild vom krummen Menschen mit seinen vier Rädern ändert jedoch gerade den Alltagstrott. Die altersstarke Gesellschaft bedarf einer neuen Definition und vor allem neuer Wege.

Dabei ist noch nicht einmal geklärt, ob der Rollator gut ist für den Körperbau. Kritiker meinen, er befördere eher eine schlechte Haltung. Aber wie immer setzt sich durch, was irgendwie nützlich und einfach handhabbar erscheint.

Der 89-Jährige läuft fast täglich zu seiner leeren Garage und sitzt neben seinem Rollator. Irgendwie hat er ihn liebgewonnen. Seine Autos brachten ihm nie so viel Glück. 1997 kam ihm bei einer Ausfahrt ins Grüne in einer Kurve ein junger Bursche frontal entgegen, und beinahe wäre es das gewesen. 2003 rutschte er mit seinem neuen Megane an einer roten Ampel bei Glatteis einem anderen in den Kofferraum. Zum Schluss leistete er sich noch einen Megane-Express. Der ist jetzt auch Schrott. Nur der Rollator scheint wirklich treu. Bis zum Schluss.

KAPITEL 4

Tief im Westen mit ohne Zölibat

Von Frechen nach Köln und dann Alaaf

Zehn Uhr im Morgenerwachen spielt die erste Kapelle in der Kölner Fußgängerzone. Dixieland schmettert zwischen den Fassaden der Häuser Am Hof. New-Orleans-Klänge vor dem Römisch-Germanischen Museum. Eine alte Dame mit Hut und 4711 im Dekolleté stöckelt vorbei, Japaner wippen ihre Füße sekundenkurz, fotografieren, wollen weiter. Irgendwo hier muss dieser Dom sein. Deshalb flogen sie nach katholisch Germany. Die polnischen Dixie-Musiker pausieren nach verspielten Minuten, die Sängerin läuft zwischen Damenduft und Fotojapanern hin und her, sammelt Notengeld. Im Starbuks freies WLAN und überteuerte Muffins zum Frühstück. Der Schatten des Doms fällt auf die Dächer, dann rollt ein Kerl mit Stickmütze auf seinem Longboard vor die Café-Tische, stoppt und deklamiert:

Er wird nicht vollendet, der Kölner Dom, obgleich die Narren in Schwaben zu seinem Fortbau ein ganzes Schiff voll Steine gesendet haben. Er wird nicht vollendet, trotz allem Geschrei der Raben und der Eulen, die altertümlich gesinnt, so gern in hohen Kirchentürmen weilen.

Der Kerl lächelt in die Augen des Gegenübers am Tisch. Der Muffin verschluckt sich im Hals des Gastes, der einen Euro reicht. Der Kerl wirft das Stück nach oben und fängt es mit dem Mund, spuckt es in seine linke Hand, steckt es in die rechte Hosentasche, rollt weiter auf seinem Brett und schreit:

> *Ja, kommen wird die Zeit sogar, wo man, statt ihn zu vollenden, die inneren Räume zu einem Stall für Pferde wird verwenden.*

Oldtimejazz und Heinrich Heine zum Frühstück klingt wie »Herzlich willkommen!«. Es gibt keine deutsche Stadt, deren Bürger von Fall zu Fall entschlossen sind, fröhlich zu sein: »Lass mer jet laache ...«. In Köln herrscht ein seelischer Temperaturunterschied zu Hamburg, wie zwischen einem Kneipp-Tauchbecken und einem türkischen Bad, ein mediterranes Lebensgefühl ohne einen Gedanken an morgen. Nicht HH, sondern KKK = Katholizismus, Klüngel und Kölsch. Der Bonner Humorforscher Heinrich Lützeler behauptet: »Wären Adam und Eva Kölner gewesen, so hätten sie gewiss niemals das Paradies verloren. Die Kölner haben die Gabe, das Paradies im Nu wiederherzustellen, für Augenblicke, an einem Stammtischabend oder in der ganzen hinreißenden Epoche des Karnevals ...« Hier herrscht das organisierte Vergnügen. Der Kölner Kabarettist Jürgen Becker sagt: »Rom ist ein Vorort von Köln, und Köln funktioniert nur wegen der stabilen Verhältnisse um uns herum.«

> Ein Kölner Mädel vertreibt sich die Zeit damit, Mömesse (Nasenpopel) an die Wand zu schmieren. Die Nachbarin sieht das und sagt zur Mutter des Mädchens: »Darf dat dat?« – »Dat darf dat.« – »Dat dat dat darf?!«

Der Kölner Humor entsteht vornehmlich aus dem Milieu und aus der Mundart. Becker: »In meiner Autowerkstatt zum Beispiel sprechen alle Kölsch. Sogar der Kroate hat einen kölschen Einschlag. Die seriöse Trennlinie zwischen Du und Sie sucht der Kunde dort vergeblich, man umspielt sie mit »Ihr«. Man weiß also nie, ob man geduzt oder gesiezt wird. Neulich hat der Chef mir ein Dichtungsspray mitgegeben mit folgender Anweisung: ›Wenn et noch ens röch, dann maat'r dat da op, dann dot'r dat do rin und dann kütt dat do russ.‹ Philosophisch brillant.« Der Rheinländer versteht sich dennoch mit allen irgendwie, den Hamburgern, den Bayern und den Berlinern, er vermittelt zwischen beiden, nur die Sachsen begreifen sie nicht. Kölner Humor ist eine Mischung aus Selbstbehauptung und Kritik der anderen. Zum Beispiel so:

> Eine junge Dame sitzt im Wartezimmer. Der Arzt kommt vorbei und sagt: »Ehr seht ävver nit jot us.« Antwortet sie: »Ehr sid och nit jrad minge Typ!«

Oder so:

> Einer eröffnet ein Restaurant und schreibt, reichlich faul, auf die Speisekarte: Fleisch von allen Tieren. Der erste Gast kommt, liest, bestellt: »Eine Scheibe Elefantenrüssel.« Der Wirt: »Eine Scheibe? Dafür schneide ich den Elefant nit an.«

Der Kölner, ein Kobold, ordinär und beißend. Behagliches Verweilen beim Kleinen und Alltäglichen, harmloser Spott und Schabernack für jede Lebenslage. Und am besten alle schauen zu. Jungkölner filmen sich bei jeder Longboardfahrt, die immer am Dom vorbeiführt, um Sekunden später ihre Ausfahrt bei YouTube hochzuladen. Beim Kölner Humor wirken fränkisches und gallisches Erbe zusammen, er besitzt nicht nur französische Züge des Geistreichen, sondern ebenso die Charakteristika jener tendenzlosen Spielerei, die im italienischen Humor kulminiert. Der Kabarettist Reinald Grebe hält als Beispiel dieser Mischung wunderbar her. Der Typ mit den Indianerfedern auf dem Kopf und dem Klavier vor den Händen tingelt wie ein Verrückter durch Deutschland und singt Oden an die öde Provinz, vorzugsweise die ostdeutsche. Grebe kennt sich als Freche damit aus. In einer Reihenhaussiedlung in – ja ist es zu glauben – in Frechen südwestlich von Köln geboren, fühlte er sich manchmal leer, so Brandenburg. Er flüchtete nach dem Abitur 1991 aus dem satten Westen. Davon singt das autobiografische Lied »Familie Gold«: Bilderbuchfamilien leben hinter selbstgetöpferten Klingelschildern, Väter keschern Wespen aus dem Gartenteich, und Mütter malen Aquarelle, sobald die Kinder aus dem Gröbsten raus sind. Lebensgroß leuchten die Achtzigerjahre zwischen den Liedzeilen auf: »Es hat uns an nichts gefehlt, aber genau das war das Problem dabei.« 25 Jahre später ist der Westen im Osten angekommen und umgekehrt. Das ändert manches und die Einwanderer, die von überall herkommen, ändern das ganze Land, das erst langsam merkt, was da geschieht. Die Kölner nehmen es leicht, die nehmen alles und jeden mit.

Der Freund eines Kölner kommt abends mit einem neuen Damenfahrrad nach Hause. Fragt der Freund: »Anton, wo häste dann dat Fahrrad her?« Anton: »Da han ich mit der Marie en Radtour jemacht, un nach dem Kaffeetrinke hät se sich anjeschmiescht un jesaht: Anton, jetzt kannst dir neme, wat du willst.«

Das Sein bestimmt das Kölner Humorbewusstsein, geboren aus dem Alltag, immer ein wenig hintergründig, aber bitte nicht zu viel, nicht zu schwer.

Zwei Putzfrauen bei der Arbeit. Die eine: »Ich mach' Diät.« Darauf die andere: »Joot, dann maach ich die Finster.«

Die Putzfrau eines feinen Haushalts zur Nachbarin: »Uns Madam ess doch esuu jeizig, dat se beidse Dööchter zesammen op eim Klavier spille läss.«

Ein Raureif literarischer Ferne liegt über dieser Komik, schrieb einst Schöffler in seiner Geografie des deutschen Witzes. Der Spaß entsteht aus den menschlichen Schwächen, ist sehr lokal gebunden, nicht aus der Aktualität geboren und meistens wissen im Wohnviertel alle bescheid. Auf die Nachfrage des Nachbarn, wie es dem Großvater gehe, sagt der andere Nachbar:

Dä Jroßvatter ess dat Zeitlische am Segnen.

Seit Jahrzehnten kommt der Spott über die Kölner aus Düsseldorf. Heine, gebürtiger Düsseldorfer, fing damit an und fand bei seiner Wintermärchenreise für die Stadt am Rhein keine guten Worte, nur Dunkelmänner, Denunzianten, Dummheit und Bosheit. Den einzigen Lichtblick sah er darin, dass Martin Luther im Zuge der Reformation den Bau des Domes stoppte. Pure Geldverschwendung sei der »kolossale Geselle, der verteufelt schwarz emporragt«. Die Katholiken fanden das gar nicht lustig. Eine gute Pointe wird schon immer gefürchtet, egal ob von Diktatoren oder Glaubensgemeinschaften. In Umberto Ecos Roman »Der Name der Rose« will ein Mönch um jeden Preis verhindern, dass Aristoteles' verloren geglaubte Schrift über die Komödie öffentlich wird. Sein Motiv: »Lachen tötet die Furcht. Und ohne Furcht kann es keinen Glauben geben.« Wer den Teufel nicht mehr fürchte, brauche keinen Gott mehr: »Dann können wir auch über Gott lachen.« Bei den Kölner scheint es, dass sie mit Gott lachen.
Katholiken gönnen sich moralische Freizeit. Das funktioniert wie guter Ablasshandel. Eine Art Versicherungspolice so wie heute der Vertrag für eine Kranken- oder Pflegeversicherung.

Die versprechen uns, Schmerzen zu lindern. Es ging schon damals nicht darum, nicht krank zu werden oder die Sünden erlassen zu bekommen, sondern die Strafe dafür sollte geringer ausfallen. Die Verweildauer im Fegefeuer ließ sich mit einem ordentlichen Batzen Münzen verkürzen. Hohe Gebühren gegen gutes Gewissen, und das auch noch mit einem ordentlichen Vertrag gedeckt. Das Prinzip von damals funktioniert bis heute perfekt. Der aktuelle Papst empfahl erst kürzlich, wer ihm auf Twitter folge, dem werde ein Teil der Zeit erlassen, die er im Fegefeuer verbringen müsse. Das macht das Zölibat leichter:

> Ein Priester und seine Haushälterin teilen sich das Schlafzimmer. Vom Bischof daraufhin zur Rede gestellt, sagt der Priester: »Wir haben den Raum sauber quer über das Ehebett mit Kreppband in zwei Hälften geteilt. Wer auf die andere Seite des Zimmers geht, zahlt 10 Cent Strafe.« Bischof: »Na, das ist ja nu nicht viel.« – »Och«, sagt der Priester, »dat läppert sich aber zusammen.«

Auch Spenden zur Weihnachtszeit sind eine schöne Methode, das Gewissen zu beruhigen. Nach der Unterschrift unter den Scheck der Deutschen Hungerhilfe lässt es sich gleich viel besser essen. Dabei sagt keiner, dass das schlecht sei. Im Gegenteil, jeder profitiert davon, die Hungerhilfe genauso wie der Helfende und hoffentlich auch der Hungernde. Das macht das Leben leichter, denn der Bußgeldkatalog ist frei variierbar. Gerichte arbeiten heute ebenfalls nach dieser Taktik der Willkür. Wie könnte es sonst sein, dass das Verfahren gegen Formel-1-Chef Bernie Ecclestone gegen Zahlung von 100 Millionen Dollar eingestellt wurde? Der Richter sagte zur Begründung: Die finanzielle Auflage sei geeignet, das öffentliche Interesse an Strafverfolgung zu beseitigen. Die Höhe der Zahlung, von der

99 Millionen Dollar an die Staatskasse und eine Million an eine Kinderhospizstiftung überwiesen werden sollen, orientiert sich an Ecclestones Vermögensverhältnissen. Ein bisschen Klüngel schadet nicht in München, nicht in Hannover und auch nicht in Köln. Katholische Verhältnisse lassen besser lachen. Das ist kein Witz, sondern »da sieht die Wirklichkeit anders aus als die Realität«, um auch mal Helmut Kohl zu zitieren. Beweis eins:

> »Karl, warum bist du gestern nicht zur Schule gekommen?« – »Fräulein, ech han jestern e Schwesterche jekräje.« – »Aber Karl, ein braver Junge sagt da: Der liebe Gott hat uns gestern ein Schwesterchen geschenkt.« Karl etwas ungehalten: »Fraulein, mir sinn ärm Lück, mir kreje von keinem jet jeschenk. Alles wat mer han, hät uns der Bapa besorch.«

Ein zweiter:

> Der eine Kölner zum anderen: »Mer kann jo nit alle jläuve, wat mer höt.« Der andere: »Enä, avver mer kann et wiggerverzälle (weitererzählen).«

Dä läuv selvs, wat hä lüg – der glaubt selbst, was er lügt. 600 Jahre Bauzeit für ihre Großkirche sind heute ein Trost für Planer der Hamburger Philharmonie und des Berliner Flughafens. Aber es waren ausgerechnet die Preußen, die den Dom 1880 vollenden ließen. Ein Berliner Witz in der Hochburg des rheinländischen Humors. Dabei scheint der unter anderem so produktiv, weil seine Erfinder weit genug weg wohnen von der deutschen Hauptstadt.

Während des Dritten Reiches, da ein treffender Witz einen Deutschen ins Konzentrationslager bringen konnte, ist die rheinische Metropole eine Produktionsstätte verbotener Anekdoten gewesen. Köln ist die zum Laache bereiteste Großstadt, schrieb Herbert Schöffler. Der Kölner hat Probleme und meistert sie, sofort. Er bejaht das Leben, selbst in tiefer Verzweiflung. Legendär diese Geschichten: Nach dem großen Luftangriff im Zweiten Weltkrieg, der die Altstadt völlig in Trümmer legte, hing an einem bekannten Warenhaus plötzlich ein Plakat: Durchgehend geöffnet.

Die Kölner lachten damals wochenlang über einen englischen Flieger, der während der schlimmsten Angriffe abgeschossen worden war: Die englische Pilot hatte einige deutsche Sätze gelernt, um sich im Notfall aus der Affäre ziehen zu können. Bei seiner Festnahme rief er den Kölnern zu: »Ich bin ein Bauer und gehe aufs Feld.« Heines Verachtung für das katholische Domdorf setzte sich fort. Bis heute.
Wer von der Domplatte steigt, der läuft unweigerlich ins Senftöpfchen. Als der erste Senftopf vor über 55 Jahren angerührt wurde, wusste keiner, ob das Kabarett Zukunft hat. Gegründet von Fred Kassen, der schon 1973 starb, darf seine Witwe, Jahrgang 1923, Alexandra Kassen, bis heute als der gute Geist des Hauses bezeichnet werden, auch wenn sie das Tagesgeschäft schon vor Jahren an Anna Winkels abgegeben hat. Bei Kassen gehörte der Name immer zum Programm, sagen Künstler, die dort spielen. Die große Dame der Kleinkunstbühne beschrieb der österreichische Autor und Kabarettist Werner Schneyder als eine »unbeschreibliche Mitte zwischen verrücktem Huhn und klar disponierender Geschäftsfrau«. Das Theater in der Großen Neugasse gehört längst zur Kabarettbundesliga, obwohl es in den vergangenen Jahren reichlich Patina angesetzt hat. Unbekannte Künstler geben sich hier die Klinke mit den ganz Großen der Zunft in die Hand: eine Mischkalkulation, angesiedelt zwischen Risiko und Sicherheitsnetz. Scherzkekse wie Lisa Fitz, Gerhard Polt, Gerd Dudenhöffer, Tim Fischer, Hape Kerkeling, Harald Schmidt oder Dieter Nuhr begannen hier ihr Bühnendasein.

Konrad Beikircher gehört zu den Stammkünstlern des Hauses, ein Südtiroler, der mit 20 Jahren nach Bonn kam und sich dort sofort wohlfühlte. »Am schönsten isset, wenn es schön is«, sagt er. Schließlich sei im Rheinland selbst die Schwerkraft eine andere, hier fällst Du nicht runter, sondern hoch. Und er kommt immer ins Gespräch, auch wenn die anderen im Gespräch sind. Außerhalb von Köln, wo die Leute Kölsch mit Wollsocken sprechen, da kommt der Rheinländer rein und sagt: »Wo Sie grad sachn ... Winterreifen ...« Keiner sprach von Winterreifen, aber der Rheinländer hat, was er will: Aufmerksamkeit. Im Rheinischen Grundgesetz schrieb Beikircher die wichtigsten Gesetzmäßigkeiten des Lebens auf.
Artikel 1: *Et es wie et es.* (»Es ist, wie es ist.«) Sieh den Tatsachen ins Auge, du kannst eh nichts ändern. Artikel 2: *Et kütt wie et kütt.* (»Es kommt, wie es kommt.«) Füge dich in das Unabwendbare; du kannst ohnehin nichts am Lauf der Dinge ändern. Artikel 3: *Et hätt noch emmer joot jejange.* (»Es ist bisher noch immer gut gegangen.«) Was gestern gut gegangen ist, wird auch morgen funktionieren. Situationsabhängig auch: Wir wissen es ist Murks, aber es wird schon gut gehen. Artikel 4: *Wat fott es, es fott.* (»Was fort ist, ist fort.«) Jammer den Dingen nicht nach und trauer nicht um längst vergessene Dinge. Artikel 5: *Et bliev nix wie et wor.* (»Es bleibt nichts wie es war.«) Sei offen für Neuerungen. Artikel 6: *Kenne mer nit, bruche mer nit, fott domet.* (»Kennen wir nicht, brauchen wir nicht, fort damit.«) Sei kritisch, wenn Neuerungen überhandnehmen. Artikel 7: *Wat wells de maache?* (»Was willst du machen?«) Füg dich in dein Schicksal. Artikel 8: *Maach et joot, ävver nit zo off.* (»Mach es gut, aber nicht zu oft.«) Qualität über Quantität. Artikel 9: *Wat soll dä Kwatsch/Käu?* (»Was soll das sinnlose Gerede?«) Stell immer die Universalfrage. Artikel 10: *Drinks de ejne met?* (»Trinkst du einen mit?«) Komm dem Gebot der Gastfreundschaft nach. Artikel 11: *Do laachs de disch kapott.*

(»Da lachst du dich kaputt.«) Bewahr dir eine gesunde Einstellung zum Humor. Alles klar, das ist die Beschreibung der deutschen Wellnessoase.
Der in Melle geborene Satiriker Dietmar Wischmeyer kehrt gelegentlich im Senftöpchen ein und kann Beikircher so gar nicht beipflichten. In Köln würden nur Bekloppte und Bescheuerte wohnen, aber die besiedeln seiner Meinung nach sowieso ganz Deutschland. Der Niedersachse studierte übrigens laut eigener Aussage in Bielefeld. »Man kann fast überall leben, in Bielefeld, Paderborn, Herford, sogar in Mennighüffen, aber in Köln, das geht gar nicht«, sagt er. »Die ganze Stadt ist eng und laut, es gibt entschieden zu viele hässliche Kirchen und der Fluss sieht aus wie die Einfahrt zum Containerhafen Rotterdam.« Und jetzt, Achtung, Domschelte. »Mitten in die zugebaute Innenstadt drängelt sich ein Dom, arrangiert wie von unten durch eine Betonplatte geschossen. Grauenhaft. Der Rest ist City von der Stange.« Und das Tragischste, was der Scharfdichter an Köln feststellt: »Hier kommt erschwerend hinzu, dass der behämmerte Ureinwohner sein Debilenkaff tatsächlich für eine scharfe Metropole hält mit bekloppter Musik in Eingeborenensprache BAB, die Höhner, Bläck Fööss, Hella von Sinnen, RTL, Karneval ... so stell ich mir den Eingangsbereich zur Hölle vor.«

Zwei Kölner auf der Hohenzollernbrücke. Der eine: »Wat do vill Wasser erunger flüß.« Der andere: »Un dobei süht mer bloß dat oven drop.«

Die Einwohner sind tatsächlich sehr stolz auf ihre Stadt, ihre Sprache und das Kölsch. Wenn der Kölner sich in Anwesenheit eines Bayern ein Schmalglas Obergäriges bestellt, ordert der Münchner eine Apfelschorle, schließlich will der nicht unhöflich sein und in Anwesenheit des Kölners ein Bier trinken. Und

Du kannst mit so einem Ureinwohner nachts saufen, bis er dich umarmt und küsst und küsst und umarmt und dir schwört, dass ihr Blutsbrüder seid, bis du ihm am nächsten Morgen neben der polnischen Dixiekapelle in der Fußgängerzone triffst und er dir kurz zunickt, weil er nicht genau weiß, ob er dich schon mal irgendwo gesehen hat.

> Vor einer Milchbar: »Soll mer en seren jonn?« – »Lever sterbe ich an Alkoholvergeftung, eh ich denne ärm Kinder de Milch wegsuffe.«

Eingangsbereich zur Hölle? Sagen wir so: Von Ferne urteilt der Betrachter, weil er seine Erfahrung vor allem vor der Mattscheibe sammelt und dort erfährt, dass es gleich am Bahnhof von hinten schön schwulwarm wird. Tatsächlich bietet Köln besten Humorhumus. Hier herrscht die größte Comediandichte Deutschlands. Kein Wunder, denn am Rhein residieren die Studios von RTL und sämtlichen Produktionsfirmen wie beispielsweise Brainpool, die Sender wie Pro7 oder Sat1 mit ihren Formaten bestücken. Zu den Eigentümern gehört Stefan Raab. Kölner wie Dirk Bach, Gott habe ihn selig, kämpften sich durchs Dschungelcamp, Tom Gerhard kam auf den Dackel, Guido Cantz glaubt nach wie vor, dass alle Spaß verstehen und Stefan Raab ließ sich schlagen, bis die Quote krachte. Doch immerhin plauderte er gefühlt länger in der Pro-7-Spätverkaufsstelle, als Thomas Gottschalk Wetten abschloss.
Rund 80 Comedians senden zur Zeit im Dauerspott ihre Botschaften übers Land. Das meiste kommt aus den Studios unweit von Köln. Von Ingo Appelt, Atze Schröder, Cordula Stratmann, Dieter Nuhr, Anke Engelke über Bastian Pastewka, Johann König, Markus Maria Profitlich bis Cindy aus Marzahn, Michael Mittermeier, Mario Barth laden sich alle gegenseitig in ihre Shows ein, verteilen kiloweise Comedypreise und nutzen

so die Gunst der heiteren Stunde. Private Comedy-Sender lassen zudem rund um die Uhr Lacher laufen.
Und das größte Dauerhumorfeuer steigt noch aus einer anderen Richtung auf. Gilt in vielen öffentlich-rechtlichen Fernsehanstalten Humor oft noch als Gefahrgut erster Klasse, rüsten sie im Februar zur Karnevalssaison auf, um jede Sitzung live vors heimische Sofa zu übertragen. ARD, ZDF, WDR oder MDR mischen mit und organisieren das kollektive Feixen. Aber vielleicht ist Karneval oder, wie es in Süd- und Ostdeutschland heißt, Fasching gar kein Humor, sondern ein Trauerspiel mit hysterischen, dunklen Elementen? Schließlich folgt der Fastnacht die Askese.
Das Fernsehen hat vor gut zehn Jahren die Spaßindustrie entdeckt und tut, was es nicht lassen kann. Es übertreibt und zieht aus dem telegenen Gute-Laune-Kraftwerk Geld statt Erkenntnis. Längst existiert in Deutschland eine Humor-Industrie, die Humor am laufenden Lachband produziert, gestanzt aus Phrasen zwischenmenschlicher Missverständnisse. Die Schablonen kommen aus der amerikanischen Stand-up-Tradition, die Lacher viel zu oft aus dem Lautsprecher. Es wäre jedoch humorlos, sich über die Scherzoffensive lustig zu machen, schließlich haben die Deutschen viel nachzuholen. Seit Tucholsky fragte, was Satire darf, philosophieren komische Theoretiker über alles. Die Grenzwerte des deutschen Humors sind grenzwertig. Sie werden aber von den Betroffenen selbst zum Glück längst überschritten. Denn Lachen befreit, vor allem von den eigenen Zweifeln.
Köln ist übrigens die einzige Stadt, der es gelang, zwei Witzfiguren aufzustellen, die zueinander stehen wie Faust und Mephisto. Es sind Tünnes und Schäl, eine Art Gestalten-Dialektik, einst entstanden im Hänneschen-Theater, offiziell Puppenspiele der Stadt Köln am Eisenmarkt im südlichen Martinsviertel des Kölner Stadtteils Altstadt-Nord.

Schäl: »Tünnes, es ding Kind ene Jung oder e Mädche?«
Tünnes: »Natürlich, wat soll et dann söns sin.«

Vor dem Theater sitzt in Bronze einer der bekanntesten Söhne Kölns: Willy Millowitsch. Er war für die Rheinstadt dasselbe wie Heidi Kabel für Hamburg. Volksschauspieler, die sich in den 1970er-Jahren zu »Kabillowitsch« vereinigten, gutbürgerliche Serien-Satirekost im öffentlich-rechtlichen Fernsehen der alten Bundesrepublik. Zehn Minuten Straßenbahnfahrt trennen das Hänneschen-Theater und das Volkstheater Millowitsch, das seit 1998 Peter, der Sohn von Willy führte. Er und sein Ensemble pflegten das Kölsch und den guten Schwank wie »Liebesgrüße aus Nippes«, »Der König vom Friesenplatz«, »Wenn im Puff dat Licht ausjeht« oder »Käsch in die Täsch«. Das älteste noch existierende Theater der Stadt, das beide Weltkriege unbeschadet überstand, erlebt im Sommer 2015 jedoch eine Radikalkur, wird saniert und der Name der Millowitschs verschwindet. Peter geht in Rente. Er teilte sich schon lange mit der Freien Volksbühne Köln die Immobilie, die der Familie nie gehörte. Eine Tradition, die 1792 mit dem Puppenspieler Michael Millowitsch begann und seit 1936 an der Aachener Straße weitergeführt wurde, endet an dem Tag, an dem Peter Millowitsch aufhört. Seit September steht über dem Eingang: Volksbühne am Rudolfplatz. Doch die Tradition der Kölner Witzfiguren lebt weiter. Tünnes ist der Optimist, Schäl der Pessimist, und der wahre Kölner Witzbold ist daran zu erkennen, dass er beide Figuren nie miteinander verwechselt.
Auch am Rhein gab es einen Wettbewerb zur Suche des besten Kölner Witzes, hier der Sieger, natürlich mit Tünnes und zum besseren Verständnis auf Hochdeutsch:

Tünnes trifft seinen Arzt und klagt über Gedächtnisschwäche. Der Arzt, verärgert, so gestört zu werden, verschreibt ihm ein Notizbuch. Nach acht Tagen, bei neuerlichem Zusammentreffen, gibt Tünnes folgenden Bericht: »Das Notes ist eine großartige Sache. Ich schreibe mir alles auf. Beispielsweise gestern abend beim Schlafengehen ... Ich schrieb: ›Der Rock hängt über dem Stuhl, die Bux hängt am Fensterknopf, die Strümpf' liegen im Abwascheimer. Ich selbst lieg im Bett!‹ Als ich heut morgen aufstand, fand ich alles der Reihe nach. Und ich kam auch an den Passus: ›Ich selbst lieg im Bett.‹ Ich schlag die Bettdeck' hoch; da lag ich nicht. Ich dachte: ›Sollt ich unter das Bett gerutscht sein?‹ Ich kroch unter das Bett: Tatsächlich, da lag ich! Ja, so ein Notes, lieber Herr Doktor, ist eine großartige Sache.«

Der Nächstplatzierte:

Tünnes un de Schäl sind auf der Beerdigung von ihrem Freund Pitter. Schäl wirft einen Strauß Blumen auf den Sarg. Tünnes wirf zwei Frikadellen hinterher. Schäl: »Tünnes, beste jeck? Wat soll dä Pitter domet, der kann die doch nit mieh esse.« Darauf Schäl: »Ja gläuvs do dann, hä dät ding Blome en de Vas stellt ?«

Und noch einen:

Tünnes und Schäl gehen vor der Stadt am Sonntag gemeinsam spazieren. Einen guten Korn tragen sie bei sich und nehmen ab und zu einen Schluck. Als sie an einem Getreidefeld vorbei kommen sagt Tünnes: »Süch, Schäl, dat sin de Reben des Proletariats.«

Noch einen:

Tünnes: »Schäl, ich bin jetz ald fünf Johr verhierot un noch immer doll verliebt.« Schäl: »Hoffentlich erfährt ding Frau nix dovun.«

Einen noch:

Schäl: »Tünnes, wat mähs do för e Geseech?« Tünnes: »Wenn ich Geseechter maache künnt, hät's do ald lang en ander.«

Wer einmal am anderen Ende Deutschlands lacht, der darf natürlich den Karneval nicht verpassen. Längst ist es völlig egal, wann einer in die Stadt kommt, denn die fünfte Jahreszeit der Kölner findet immer statt. Wenigstens im Karnevalmuseum im Stadtteil Ehrenfeld. Da brüllt einem am Eingang gleich einer Alaaf entgegen und schiebt einen Witz hinterher:

In einer Kölner Schule sagt der Lehrer: »Ich konjugiere: Ich schreie nicht, du schreist nicht, sie schreien nicht. Pitterche, wiederhole!« Peter: »Keiner schreit.«

Auf 1.400 Quadratmeter stehen Festumzugskameraden in Reih und Glied, dahinter Prinzenwagen und an der Wand hängen Mützen, Orden. Und dann kommt einer und erzählt die Geschichte des Karnevals von der Antike über das Mittelalter bis zum vergangenen Jahr. Er steigt in die Bütt, eine Art Badewanne, um die dreckige Wäsche der anderen zu waschen. Da kommen auch wieder die Preußen zu Wort, denn die halfen eifrig mit, den Karneval am Leben zu halten. Die Franzosen hatten ihn verboten, als Köln französisch war, die Preußen hatten ihn sofort wieder erlaubt, was allerdings bis heute nicht viel gilt, denn der Rheinländer pflegt eine gesunde Skepsis gegen alles, was aus der Hauptstadt kommt, zumal ihm die Hauptstadt genommen wurde. Wer allerdings eine rheinische Karnevalssitzung genau beobachtet, der sieht die Preußen marschieren, der sieht die Trommeln der friderizianischen Grenadiere, zu deren Klang einmal der größte König der Preußen gerufen hatte: »Kerls, wollt ihr ewig leben?« Bei der Prinzenproklamation in Köln wirbeln die Trommelstöcke, stampft der Gleichschritt, der Betrachter meint in der Karnevalsgesellschaft die Uniformen des Lützowschen Korbs wieder zu entdecken. Und sieht nicht die Funkenartillerie aus wie das preußische Dragoner-Regiment von Ansbach-Bayreuth? Friedrich der Große schenkte ihnen für den Sieg bei Hohenfriedberg den berühmten Marsch und heute reiben sich die Dragoner in dieser Uniform die Hinterteile und bekommen dafür einen Blechorden und ein dreifaches Kölle Alaaf.

Der Museumsführer erklärt geduldig das Alaaf, den ewigen Schlachtruf. Das Hoch auf sich selbst sei im Rheinland bereits spätestens Mitte des 16. Jahrhunderts verbreitet. Der 2012 verstorbenen Kölner Philologe Heribert Augustinus Hilgers wies nach, dass das »Alaaf« als Jubel- und Trinkspruch schon seit etwa 1550 nachweisbar ist. Der älteste bekannte Fund ist ein Kölner Tonkrug mit der Aufschrift »Allaf fur einen goden druinck«, frei übersetzt: »Für einen guten Trunk lasse ich alles stehen«, hinter Köln falle »alles ab«, sei alles schlechter. Kurzum: Erst kommt Köln und dann ganz lange nichts.

Der Karikaturistin Petra Kaster

Gruppenreise in den Untergang

Paket + Hühnersuppe + Radeln = Karikatur. So lautet Petra Kasters Formel für Ideen. »Ja, meine Einfälle entstehen durch konzentrierte Entspanntheit«, sagt Petra Kaster.

Es kann also sein, dass morgens ein Bote an ihrer Haustür klingelt und ein Paket bringt, dass sie mittags eine Hühnersuppe löffelt und danach mit dem Rad fährt. Und während sie in die Pedale tritt, synapsiert es plötzlich in ihrem Hirn. Sie hält an und zeichnet. »Einen Block habe ich immer dabei«, sagt die Frau, die in wenigen Jahren die Rente erreicht hat. Aber da man über das Alter einer Frau schweigt und die Dame genießt, sagt keiner, dass das in 36 Monaten passiert sein könnte. Denn es stimmt nicht, Rente für Freischaffende gibt es ja gar nicht. Rentner ist eine Art Durchlaufwort, von vorne wie von hinten, da bleibt nichts hängen in den Buchstaben. Hängen bleiben nur komische Gedanken.

Günter Wallraff als Huhn im Schlachthaus ist so ein Produkt ihrer Ideenformel. Denn der morgendliche Paketdienst erinnerte sie an die Recherche des Undercover-Journalisten als Paketfahrer. Und da lag der Gedanke beim Treten nicht weit von der Suppe entfernt, ihn als Federvieh in der Massentierhaltung zu mästen. So sammeln sich bei Kaster auf dem Papier auch in einer Schüssel Köpfe, und sie nennt es Kopfsalat. Oder sie zeichnet am Herd in ihren Block einen kaukasischen Mantel und schreibt drunter: Tag der offenen Burka. So lässt sie die Feministin raushängen.

»Ich hasse Hausarbeit und kehre ungern vor meiner eigenen Tür«, sagt die Mannheimerin. Doch sie arbeitet zu Hause. Jeden Tag. Sie ist Heimarbeiterin seit über 15 Jahren.

Freischaffend im Dienste des Humors, immer auf der Suche nach der Differenz zwischen Schein und Sein. Sie sammelt Differenzen. In ihrem Haus bei Mannheim stapeln sich Blätter, lagern Notizen, stehen Zeichenstifte in Vasen. Wenn die Arbeit sie erdrückt, geht sie raus, setzt sich in den Liegestuhl. Und da geht es los: Nachbarn öffnen Fenster, klopfen Betten, mähen Rasen, sägen Holz. Ein Komplott gegen ihr Ruhebedürfnis. Aber sie mag diesen Anschlag und hält es aus, dass die anderen denken, sie sei eine »faule Sau«. So sagt sie es. In ihrem Garten wuchern die Pflanzen, fallen jetzt die Blätter von den Bäumen. Ihr kommt nicht der Gedanke, sie wegzufegen. Warum auch. Sie wissen von selbst, wo sie hingehören. Es ist diese Gelassenheit, mit den Dingen umzugehen, wie sie sind. Das lässt sie sehen, was andere übersehen. Manches sieht sie auch voraus. »Gelegentlich habe ich den Eindruck, Politiker kaufen sich Cartoonbände und nehmen sie als Bibel ihres Handelns.« Anders kann sie sich die komische Politik nicht erklären. Petra Kaster liebt das Zeichnen. Es ist ihre Form, auszudrücken, was sie nicht sagen kann.

1952 in Mülheim an der Ruhr geboren, studierte sie an der Folkwang-Hochschule für Gestaltung in Essen visuelle Kommunikation. Wer da im Ruhrgebiet schuftet, der muss das sehen lernen. Die alte Dreckecke von Deutschland sucht seit Jahren den zweiten Frühling, mal gelingt es, meistens nicht. Das Image jedenfalls ist so schlecht, dass nur Sachsen-Anhalt als mieser Wettbewerber mithalten kann. Das hat sich keiner ausgedacht, sondern das sagen repräsentative Umfragen. Petra Kaster suchte zunächst auch woanders ihr Glück. Sie bekam ein Stipendium für ein Studium am Arts Institute Lesley College in Boston, arbeitete dann als Trickfilmautorin für SWF, NDR, WDR und ZDF.

Bei der Arbeit begegneten ihr Irrwitz und Wahnwitz. Um nicht durchzudrehen, begann sie, ihre aufkommenden Zwangsneu-

rosen zu zeichnen. Sie machte daraus einen Beruf, lieferte Karikaturen an die Zeitung Mannheimer Morgen, die Badischen Neuen Nachrichten, die Süddeutsche Zeitung, die Sächsische Zeitung und an Zeitschriften wie Eulenspiegel oder Nebelspalter. »Ich bin wohl selbst das beste Objekt meiner Satire«, sagt Petra Kaster. Aber da das irgendwann langweilig werden könnte, schwingt sie sich oft auf ihr Rad, fährt ins nächste Dorf oder in die Stadt, setzt sich in ein Café ans Fenster und beobachtet, was vor ihr vor sich geht. Da entdeckt sie die Alltäglichkeiten, die sie mit Lust in Lustiges wandelt.
Als ihr das Motto »Schluss mit lustig« des Deutschen Karikaturenpreises im Jahr 2012 auf den Schreibtisch flatterte, sei sie sofort bereit gewesen. »Natürlich ist der Tod bedrohlich, aber ich bringe ihn einfach auf Nachbarschaftshöhe, und schon kann ich leichter mit ihm umgehen.« Außerdem befindet sich die Menschheit auf einer Gruppenreise in den Untergang. »Wir schaffen uns ab. Ob das ein Verlust ist, weiß man nicht.« Das spricht sie einfach so aus.
Einmal sei sie nachts im Spreewald gewesen, sie wäre durch die Dunkelheit gepaddelt, und da glaubte sie, dem Tod nahe zu sein. Sie liebt diese Nähe, sie steigt auch gern in kaltes Wasser. Zum Beispiel in die Ostsee, wo sie jedes Jahr ihren Urlaub verbringt. Schocktherapie ist auch so eine Möglichkeit, auf Ideen zu kommen. Jedenfalls braucht sie Bewegung, damit ihre Hirnwindungen nicht erstarren.
Ihre neuesten Bücher sind: »Wenn die Linie laufen lernt«, »Hosenscheißeralarm« und »Vorsicht Rentner«.

Petra Kaster
(www.petrakaster.de)

Deutsches Phänomen 4

Das Ende der Hängelampe

Es gibt Dinge im Leben des Deutschen, die er erst vermisst, wenn sie unwiederbringlich verloren sind. Viele Männer denken in solchen Fällen an ihre alte Cordhose, die sie zur Kleidersammlung bringen mussten, weil Frau mit der Scheidung drohte.

Es gibt aber auch Dinge im Leben, die vermissen weder Frau noch Mann, weil sie glauben, dass die Dinge noch da sind. Völlig im Dunkel blieb beispielsweise bisher das Verschwinden der Hängelampe. Ihre Belichtungszeit geht zu Ende, ohne dass sie eine Leuchtspur hinterlässt. Alle liebten es, sie wie eine Schaukel anzustoßen. Ihr schwingender Schein verwandelte das Zimmer in ein schwankendes Schiff auf hoher See. Ganz nebenbei puderte der Lampenschirm den Tisch mit Staubflocken ein, was den ersten Kapitän des Hauses aufbrausen ließ. Mutter stoppte augenblicklich die Lichtschaukel, was den Wirbel nur noch vergrößerte.

Die Deutschen erinnern sich an Kopfschmerzen, weil die Lampe immer zu tief hing und sie dagegen stießen. Es gehört zu den unglaublichen Phänomenen der Menschheit, dass sich die Spezies einfach nicht merken kann, wo die Lampe hängt. Trotz Stirnschlag. Außerdem guckten die Drähte für den Stromanschluss immer an der falschen Stelle aus der Decke. Trotz exakter Planung. Es kamen Deckel vors Loch, Kabel zogen sich wie Wäscheleinen zu einem Haken, um die Mitte des Tisches zu erreichen. Erreicht wurde diese nie. Deutsche beschimpften die Hängelampe als echten Armleuchter.

Dies mag der Grund sein, warum jetzt Lichtzeilen die Erleuchtung bringen sollen. Spots setzen wie Leuchtraketen punktgenau Akzente, keine Lampe darf sich mehr hängen lassen. So führen die mit Stoff bespannten, aus Korb geflochtenen, die in Glas oder in Plaste gegossenen Lampenschirme nur noch ein Schattendasein. Das führten sie übrigens schon immer. Denn dass sie lichterloh brannten, bildeten sich alle nur solange ein, wie sie keine Ahnung hatten von den modernen Lichtmaschinen. Hängelampe ist das Synonym für »Funzel«. Das Licht am Ende der Leuchte war »Muschebubu«. Und trotzdem hat sie den Deutschen immer geblendet.

Da Deutschland gut organisiert ist, existiert natürlich ein Verband der Wohnraumleuchten-, Lampenschirm- und Zubehör-Industrie, VWLZ, mit Sitz in Frankfurt am Main. Dessen Geschäftsführer Heinrich Schröder bestätigt die Hängepartie der Leuchten, die von der Decke runterhängen. Sein Kollege Jürgen Waldorf vom Fachverband Licht, ebenfalls mit Sitz in Frankfurt, hält jedoch dagegen, dass nach wie vor über deutschen Esstischen abgependelte Leuchten hängen würden.

Der Lampenschirm aus Stoff und Korb allerdings sei ersetzt durch Metallgeflecht, Kunststoffdesign, individuell gestaltetes Holz oder kühn geformtes Glas. Heute dominiere modernes Design, die Lichtverhältnisse ändern sich aber vor allem, weil sich der Umgang mit den Energieressourcen geändert habe. »Wir holen einfach mehr raus aus der Lichttechnik«, sagt Waldorf. Das Ende der Glühbirne wäre die eigentliche Ursache für das Ende der Leuchte mit dem Pendel. Die Energiesparlampen machen die Glühbirne fassungslos. Schließlich wandelt sie nur fünf Prozent der genutzten Energie in Licht um. Nach ihrem EU-Einfuhrverbot importierten findige Händler die Birne aus China als kleines Heizgerät nach Deutschland. In einer Puppenstube lässt sich locker eine Sauna damit betreiben.

Die energiesparenden Lampen wandeln 25 Prozent des zugeführten Stroms in Helligkeit um. Eine ökologische Lichtung. Allerdings veränderte sich mit ihr der Lichtschein. Die Strahler sind härter, heller, kälter. Sie protzen mit ihrer Leuchtkraft.

Deutsche lassen deshalb Dimmer einbauen. Sie verzweifeln zudem, weil sich das einfache Einschrauben der Birne zum Geduldsspiel wandelte. Jede Fassung erlaubt sich andere Tricks. Da lag ein unschlagbarer Vorteil der Hängelampe. Deutsche sparten sich die Leiter, um Birnen einzudrehen. Außerdem benötigten sie für das Anbringen der Spotlights einen Innenarchitekten und einen Elektriker.

Der Deutsche wird hellhörig, er bekommt Lampenfieber und sehnt sich nach Einfachheit. Auch wenn die Hängelampe hässlich war wie ausgebeulte Cordhosen, so passte sie zu dem Land und in die Zeit. Die wird sie vermutlich auch überleben. Denn wie gern sitzt der Mensch noch heute am Feuer, mit dem das Lichterfest einst begann!? Noch immer entzünden Deutsche gern Fackeln, Kerzen oder Öllämpchen. Die älteste Lampe wurde vor ungefähr zwanzigtausend Jahren benutzt. Forscher fanden den Fettbrenner in einer Höhle in Frankreich. In flachen Tonschalen befand sich geschmolzenes Fett. Moosfäden und Haare dienten als Docht. Einige Deutsche besitzen Sammlungen von Petroleumlampen. Selbst die Leuchtstoffröhre erlebte eine Renaissance als Kunstobjekt. Alles hat seinen Zweck.

Der liebe Gott brachte den Menschen im Übrigen nicht nur das Licht, sondern er erfand gleich noch die Steuer dazu. So jedenfalls ist es im Alten Testament nachzulesen. Unter den unglaublich detaillierten Anweisungen, die Moses auf dem Berge Sinai erhielt, gehörte ein Hebeopfer, mit dem die erste göttliche Wohnung mit allem Drum und Dran gebaut werden sollte. Von den Bewohnern sollten Gold, Silber, Stoffe, Felle und Holz, aber vor allem Lampenöl eingetrieben werden (2. Mose 25,6): »Gebiete den Kindern Israels, dass sie zu mir bringen das allerreinste, lautere Öl von Ölbäumen, gestoßen, zur Leuchte, dass man täglich Lampen aufsetze.« Später halfen Kerzen, die Steuer zu umgehen. Aber selbst dem gelassenen Herrn von Goethe ging ihr Flackern gehörig auf den Docht: »Wüsste nicht, was sie besseres erfinden könnten, als wenn die Lichter ohne Putzen brennten.«

So gesehen erscheint die Hängelampe in einem ganz anderen Licht. Deutsche begehen offensichtlich den Fehler, sie schief von der Seite anzumachen. Sie sollten sich unter sie stellen, um ihre Schönheit zu erkennen. Die Leuchten zeigen Form, sie blühen auf. Möglich, dass früher Designer im Untergrund arbeiteten. Denn die Hängelampe wirkt von dort wie Sonne, Mond und Sterne. Zwischendurch erkennt der Betrachter bunte Schallplatten, Tapetenmuster, Röcke, einen Garten voller Blüten, Lichtgestalten der anderen Art. Nur eine zerbeulte Cordhose ist nicht dabei. Man verwendete allen Fleiß darauf, die Lampe künstlerisch zu gestalten, aber begnügte sich mit dem ärmlichsten Lichtschein. Heute scheint es genau anders herum. Man erlaube sich also zwischen all den strahlenden Starlights einen kleinen Hänger.

KAPITEL 5

Grandln und frotzln mit Gaudi

Von München zum Wörtersee bis München

Na, servus! Der Weißwurstäquator Richtung Süden wird überschritten, hier babelt oder nuschelt keiner mehr, sondern da grandeln Zweibeiner ihren Fetz'n Gaudi. In München kann sich jeder auf der Emil-Riedel-Straße 12 sein Gaudiherz kaufen und an die Trachten stecken. So geht Bayern.

Der bayerische Knecht kündigt bei seinem Bauern. »Ja, warum denn«, fragt der sorgenvoll. Der Knecht: »Dei Frau is gestorbn, die Zensi is zum Studiern in die Stadt, eben is da Traktor verreckt. Ohne Aufstiegschancen bleib i net da.«

Das ist so ein Witz, den der Bayer in den Bergen und Tälern reißt. So erzählen es sich jedenfalls alle Vorurteiler. Vor dem Literaturhaus in München am Salvatorplatz 1 sitzt es sich im Sommer jedoch nicht alpenkühl, sondern an der Brasserie »Oskar Maria« hocken die Leute lässig in Stühlen wie in Florenz auf dem Piazza della Signoria. Ein Hauch toskanischer Luft weht durch den Abend. Das ist die Ruhe nach dem Sturm, der wenige Meter weiter am Hauptbahnhof tagelang einströmt. Die Münchner halten 2015 Flüchtlingsströme dieser Wochen nicht an, sondern aus, begrüßen herzlich, helfen mit allem, was sie zur Verfügung haben. Respekt.
Noch spät am Abend schlägt von der Renaissance-Fassade die

Hitze des Tages auf die Straße zurück. Überall Sätze des bayerischen Schriftstellers Oskar Maria Graf; auf dem Geschirr, auf den Rückenlehnen der Lederbänke, auf den Granittischen auf der Terrasse, auf der elektronischen Laufsäule über der Bar, auf den Papiersets und Bierdeckeln. Da liest der Gast auf einem Teller:

> Friss nur! Mensch, friss und sauf! Wir hängen sowieso schon halb am Galgen.

Auf einer Untertasse steht:

> Mehr Sexualität, die Herrschaften!

Die New Yorker Künstlerin Jenny Holzer verteilte die Zeilen ins Porzellan. Zum Gedenken an den Schriftsteller, dessen Bücher 1934 von den Nazis öffentlich verbrannt wurden. Graf sagte damals:

> Verbrennt die Werke des deutsches Geistes! Er selber wird unauslöschlich sein wie eure Schmach!

Eine New Yorkerin musste es als Künstlerin für das Buchstaben-Service schon sein, schließlich flüchtete Graf 1938 über den großen Teich. Beim Spaziergang durch die Exilstadt trug er immer Lederhosen, Mode gegen Heimweh. In Deutschland gibt es zwei Bundesländer, in denen die Leute auch zu Hause Heimweh haben, in Bayern und in Sachsen. Die Heimat kann der Flüchtige anziehen oder sprechen. Dialekt sagt alles über Zuhause.

In dem Literatur-Haus residiert heute der deutsche Geist. München sei die größte Büchermetropole in Europa, kündigt sich das Kulturzentrum an. Kurzes Staunen, kein Widerspruch nirgends. Studenten singen vorm »Oskar Maria« zu nachtschlafener Zeit: »Gaudi abends in einer Tour«, kleine Variation auf »Gaudeamus igitur« – Lasst uns also fröhlich sein! Prosecco-Gläser kreisen um die Münder. Einer aus der Runde, vielleicht ein Lateiner geht an die Bar und verlangt: »Einen Martinus bitte!«

Dann dreht er sich um, leert in einem Zug seinen Cocktail, läuft an den Tisch zurück, nimmt sich das Glas eines der Freunde, trinkt es aus, stolpert, stößt an den Rücken einer der jungen Damen, rammt ihre Schulter. Sie ruft:

> Grattler, du Rindvich, bist dammisch Hosnbisla! Schleich di! Gscheerter Hamme, Noagerlzuzla, Bratzn weg, sonst setzt's wos!

Versuch einer Übersetzung: »Penner, du Rindvieh, bist du blöd Weichei! Hau ab! Gemeiner Mensch, Restetrinker, Finger weg, sonst gibt es Schläge.« Kein Zweifel, hier ist Bayern, wobei München mit dem Land nicht zu verwechseln ist. Die unbezahlbare Stadt tickt anders als das Land. Ist sofort zu merken: Zwei bayerische Bäuerinnen unterhalten sich, wobei es hier schon mal übersetzt wird, denn zu lesen oder zu verstehen wäre es sowieso nicht:

> »Mein Mann will mir ein Schwein zum Geburtstag schenken«, sagt die eine Bäuerin. Die andere: »Das sieht ihm ähnlich.« – »Wieso, hast Du es schon gesehen.«

Das Land ist groß, das größte in Deutschland, größer als Holland, Belgien und Luxemburg zusammen. 12,6 Millionen Einwohner, vier Millionen mehr als der Nachbar Österreich, vier Millionen mehr als der Nachbar Schweiz, zwei mehr als der Nachbar Tschechien. Eine Agrarnation bis zum Ende des Zweites Weltkrieges, gestaltet als Königreich vom ersten Napoleon, geprägt im Bund von den Preußen, erstarkt in der Bundesrepublik nicht zuletzt durch den Niedergang Sachsens, das sich in der DDR auflöste. Die Bayern erinnern sich gern:

> »Babba, wos ham de Leid eingdlich friahras ghabt, wias Fernseh, Computer, Handy und Tablets no ned gebn hod?« – »Eahna Ruah!«

Jeder Ministerpräsident, so wie der Strauß, der Stoiber oder der Horst war ausgestattet mit einem Selbstvertrauen durch mehrheitliche Rückendeckung und einem gesunden Misstrauen gegenüber deutschen Befehlsverteilern. Der Journalist Franz Hugo Mösslang schrieb schon in den 1960er-Jahren in seinem Buch »Deutschland, Deine Bayern – die weißblaue Extrawurst« von dem Typus, den der Bayer nicht mag: »Es ist der Typ, der seit 1870 in Deutschland groß geworden ist, von der Macht und vom Erfolg korrumpiert, laut, überheblich, unduldsam, vif, fix und wendig. Mit Kommandoton und Kommandostimme hat dieser Typ einst die Großmacht Deutschland der Welt verkündet. Mit derselben Stimme verkündet er heute die deutsche Demokratie westlicher wie östlicher Prägung. So hat er es unter dem Kaiser zu etwas gebracht und unter Hitler auch. Er hat es bei den Siegern 1945 geschafft, bei den Amerikanern, bei den Engländern, bei den Franzosen und bei den Russen. Und in allerjüngster Zeit schafft er es wieder. (...) Er ist unvergleichlich tüchtig, denn er verkauft sich immer besser als die Tüchtigen. Er hat immer das letzte Wort, denn schwerlich lässt er einen anderen zu Wort kommen. Stets umgibt ihn Optimismus von geradezu blendender Helligkeit, denn er weiß nichts von Gefahren, weil er sich nie in Gefahr begibt. Zu jeder Zeit verspricht er mit Leichtigkeit alles, denn bezahlen müssen sowieso die anderen. Da bei ihm alles in bester Ordnung ist, hat er stets Zeit, sich in fremde Verhältnisse zu mischen. Diese verbessert er leicht, weil er keine Ahnung von den Zusammenhängen hat.« Das ist der Typ, der dem Bayern von Herzen zuwider ist, auch wenn er selbst solche Typen hervorbringt, so wie den Freiherrn Karl-Theodor zu Guttenberg. Warum er erst so spät seine Schuld eingeräumt hätte, fragte ihn der Ankläger. Guttenberg: »Ich bin unschuldig, aber ihre Beweise haben mich dann doch vom Gegenteil überzeugt.«

Bayerische Witze aus dem Gerichtsaal gehören zur Humorkultur wie anderswo Witze aus dem Finanzamt.

Klage 1:

> Richter: »Meine Herren Geschworenen! Ich werde zunächst mal die Vorstrafen des Angeklagten verlesen.« – »Entschuldigen 'S«, sagt der, »darf i mi derweil setzen?«

Klage 2:

> »Angeklagter, Sie haben dem Opfer einen Bierkrug auf den Kopf gehauen. Wissen sie, was darauf steht?« – »Ja: Zur Erinnerung an schöne Stunden.«

Klage 3:

> »Waren Sie dabei, als der Streit der Eheleute begann.« – »Ja, ich war Trauzeuge.«

Klage 4:

> Richter: »Wie alt?« Angeklagter: »Fünfavierzge.« – »Konfession?« – »Hää?« – »Welche Konfession?« – »Hää, hää?« – »No, in welche Kirch gehst denn?« – »Nach Hirtlbach.«

Da ergeben sich Fragen an die Landeskinder. Es antwortet Michael Mittermeier:

Wann hatten Sie Ihren letzten Blackout?

Ich kann mich nicht erinnern. Aber die Frage ist gut, denn die Antwort dient als Alibi. Hatte zum Beispiel der Papst einen Blackout, als er meinte, es sei völlig normal, Kinder zu schlagen?

Sie müssten es wissen, Sie kommen aus Oberbayern und waren Klosterschüler. Aber ist nicht gelegentlicher Gedächtnisverlust eine gute Chance, Irrtümer zu entschuldigen?

Jedenfalls ist es eine Möglichkeit, damit leichter fertig zu werden. Ich war auf der Klosterschule und habe dort ganz schön was abbekommen, ja. Und Bayern war das letzte Bundesland, das die Prügelstrafe abgeschafft hat. Ich habe mich da immer mit Spaß rausgerettet, aber leider gibt es überall auf der Welt Fundamentalisten, die keinen Humor verstehen.

Wenn es um Machterhalt geht, bleibt der Scherz auf der Strecke?

Genau, das ist bei Hardcore-Katholiken nicht anders als bei Islamisten, Putin, Kim Jong-un oder Assad.

Da schmeißen Sie alle in einen Topf – keine Unterscheidungen?

Doch: Putin ist verdammt clever, Kim Jong-un ein dickes Arschlochkind. Bei Assad komme ich nicht ganz hinterher, denn er studierte in London Medizin, ein Augenarzt, der blindwütig sein Volk umbringt – wie geht das?

Wieder Blackout?

Nein, das wäre in diesem Fall faule Ausrede. Er tut es bei vollem Bewusstsein.

Kann der Humor da noch was ausrichten?

Das ist eine typisch deutsche Frage ...

...klar, wir unterhalten uns gerade nicht auf einem asiatischen Markt, sondern in München.

Ich bin Unterhalter, kein Revolutionsführer. Ich werde die Welt nicht verändern, aber kann sie wenigstens lustiger machen.

Jetzt stapeln Sie mal nicht tiefer als ihre Gags hängen. Sie kritisieren Diktatoren, machen sich seit Jahren stark gegen Nazis und Ausländerfeindlichkeit. Und die Pegida-Führung beschreiben Sie als Rassisten. Halten Sie das für unpolitisch?

Natürlich bin ich ein politischer Mensch, aber den Einfluss eines Spaßmachers sollte keiner überbewerten. Allerdings ist Pegida ein gutes Beispiel dafür, wie unsinnig deren Losungen sind. Sie behaupten, in diesem Land dürfe man nicht alles sagen und sagen alles Mögliche und Unmögliche. Sie beschimpfen zum Beispiel Ausländer. Aber da müssen sie es sich auch gefallen lassen, dass andere sagen: Wer Ausländer beschimpft, ist ein Rassist. Da laufen Leute bei Demos mit Plakaten rum und behaupten, in Deutschland soll Weihnachten verboten werden. Hallo!? Da darf ich, ja da muss ich doch sagen: Was für ein Unsinn!

Sehen Sie keine kritikwürdigen Zustände in Deutschland, die die Proteste hervorrufen?

Doch, natürlich. Die sozialen Ungerechtigkeiten wachsen, aber das gibt einem scheinbar Schwachen kein Recht, sich einen angeblich noch Schwächeren rauszusuchen, um auf ihm rumzutreten.

Sie sind viel im Ausland auf Tour, in England, Schottland, den USA. Haben Sie da jetzt als Deutscher ein Problem?

Auch da haben wir einen feinen Unterschied. In England oder den USA gibt es nur ein Kriterium beim Publikum: Lustig oder nicht lustig. Punkt. Die Frage, ob das politisch korrekt ist, oder ob man unter seinem Niveau lacht, wird nicht gestellt, sondern es wird gelacht oder nicht. Wenn sie Langeweile haben wollen, da können sie auch ihre Schwiegermutter anrufen. Humor funktioniert da wie Aktien. Es gibt welche, die gehen ab und welche, die gehen in den Keller.

Und nach wie vor gilt der Deutsche in England oder den USA als humorlos?

Genau. Und das ist meine Chance, denn mit Klischees kann man herrlich spielen. Ich nutze sie und mache mir einen Spaß daraus. Ich bin Fan des großen Klischee-Spagats, von Politik bis Poppen. Letztlich ist Humor universal, denn er greift immer mitten ins Leben und ich bilde das Leben ab.

Gibt es eine speziell bayerische Humornote?

Glaube ich nicht, am Ende kommt es auf der Bühne auf Präsenz an, auf das Charisma. Und das hat man oder hat es nicht. Das ist auch nicht erlernbar. Ich spiele mich, wie ich bin. Mag sein, dass da ein wenig der bayerische Dialekt mitschwingt oder einer regionaler Kontext, aber das war es. Sie brauchen zum Beispiel in London keinen Witz über Markus Söder zu machen, denn den kennt da keine Sau. In München reicht es, seinen Namen auszusprechen, und alle lachen. In England lachen dagegen alle, wenn ich erzähle, dass wir Deutsche die Atomkraft abschaffen.

Sind die Deutschen in den vergangenen Jahren heiterer geworden?

Wir hatten ja früher nicht mal Humor. Aber jetzt gibt es unfassbar viele Comedysendungen. Deutschland ist aber keinesfalls Scherzweltmeister, sondern immer noch Entwicklungsland.

Soweit Mittermeier. Gerhard Polt, das Urvieh der bayerischen Heiterkeit, sagt auf die Frage nach dem bayerischen Humorwesen: »Jo mei.« Eine weitere Stellungnahme dazu lehnt er zunächst spontan ab. »Sein's froh, wenn's wissen, wo der Spaß aufhört.« Schaun mer mal:

> »Simmerl, mein Sohn, wieso bist net in der Kirche, sondern mit dem Ochsen unterwegs? Wo geht's denn hin?«, fragt der bayerische Pfarrer den Jungen vom Bauernhof. »Na, zum Nachbarn, die Kuh decken.« – »Aber Simmerl, kann das net Dein Vater machen?!«

Der Bayer findet sich ab mit sich und dem, was ist. Polt sagt dann doch: »Das bayerische Humorwesen schwankt zwischen Spießertum und Anarchie, es hat eine Tendenz zur Breitschädlichkeit und Leibesfülle. Die Humorhaltung beruht auf der Tradition des Agrarstaates und der Meinung, man muss sich mit dem Unabänderlichen abfinden. Man kann Humor nicht darstellen, entweder man hat ihn, oder man hat ihn nicht.« Danke für die ausführliche Antwort.

Polt erzählt nicht nur vom bayerischen Wesen und seiner Genesung, sondern er erklärt auf einer Kabarettbühne, er eröffne ein CSU-Museum. Er sammle seit Jahren christsoziale Devotionalien. Heiligenbilder mit Unterschrift oder Märtyrerbilder von Stoiber. Und er besitzt eine Neuerwerbung: Der Knochen der Lieblingsschweinshaxe von Franz Josef Strauß. Original. Polt schleppt weitere Ausstellungsstücke herbei. Die Prinzregententorte Hitlers, der durch das Geschrei eines Babys zum Zechpreller wurde. Das Baby war dabei und weiß, wie es war, sagt Polt. Zu seiner Sammlung gehört zudem die Abwesenheit eines Bürgermeisters beim 125-Jährigen der Freiwilligen Feuerwehr. Er könne nicht kommen, weil er in U-Haft sitze, aber beim 150. Geburtstag sei er gewiss dabei. Alles original.

Da scherzt sich einer an der Schmerzgrenze der menschlichen Abgründe entlang. Seine genialen Wortgefechte machen ihn nach dem Tod Loriots nicht nur zum derzeit besten deutschen Humoristen, sondern zu einem Philosophen deutscher Zustände. Er zeigt, wie die Moral durchs Kleinkarierte fällt. Kennzeichnend für den Bayern ist die detailgenaue, authentische Darstellung scheinbar braver Spießbürgertypen hinter deren harmlosem Gerede ein Tal krimineller Energie oder grenzenloser Dummheit liegt. Und? Polt: »Heute kommt es doch mehr darauf an, was man gelernt hat, als was man kann. Wenn einer sitzen bleibt, weil er in Mathe einen Sechser hat, dann muss er alles noch mal lernen, um durchzukommen. Aber was weiß schon der pisaschlaue Finne? Keine Ahnung hat der von der Schlacht von Ampfing, der einzigen Schlacht, die die Bayern gewonnen haben. Die sind gebildet, aber wissen nix.« Beim Bayern ist es genau andersrum.

> Die Münchnerin sagt, wenn ihr Mann in der Früh besoffen nach Hause kommt: »Wenn er von der Redout' an solchen Rausch hoambringt, da sag i nix; denn dös is a Garantie, dass er mir net untreu word'n is.«

Bayerischer Scherz besitzt die Humorfrequenz eines Schweinsbraten, wird auch gern als Wurschtsalat serviert, deftig, nie absichtsvoll, nie gezielt. Er wird viel ernster zelebriert als anderer deutscher Humor und konzentriert sich stark auf sich. Der Kabarettist Polt selbst lacht nie auf der Bühne, er lässt lachen und sagt:

> »Der Schwede kennt den Obatzter nich, und will ihn auch gar nicht kennenlernen, aber genau so schwer ist es, die schwedische Faszination für Knäckebrot zu verstehen.« (Obatzter = bayerische Käsespezialität)

Der Bayer ist eine Mischung aus Österreicher und Mensch, sagte einst Reichskanzler Otto von Bismarck. Stimmt und stimmt nicht, denn in Bayern wanderten nach 1989 massenhaft Sachsen ein und früher Sudetendeutsche und Schlesier. Damit hat auch der Humor zu tun. Der Bayer ist trauriger als der Sachse oder der Norddeutsche, deshalb geht er über den Fatalismus der anderen noch hinaus und pflegt einen herzlichen Umgang mit dem Apokalyptischen. Ein Raufbold, grob und deftig.

Der Münchner Straßenbahnfahrer, tut, was andere nie tun würde. Er schreit den Taxifahrer vor sich an: »Kannst net aus die Gleis fahrn?« Antwort: »I scho, aber du net.«

Dieser Humor ist Selbstbehauptung, handelnder Witz einerseits. Egal, ob man die Oberbayern Mittermeier und Polt, den Niederbayern Ottfried Fischer oder Karl Valentin hört. Der Zuhörer erfährt von ihnen immer eine gewisse Verdrossenheit, eine Melancholie, hört das Missverständnis der Gedanken oder wie Valentin sagt: Organisierte Gedankenflucht.

Ein Engländer sitzt im Hofbräuhaus neben einem Bayern und fragt: »Are you smoking?« – »Na, na – Lederhosn, nur Lederhosn.«

Auf den Missverständnissen beruht die Widersprüchlichkeit, die Komik erzeugt. Dazu muss man jedoch wissen, dass Karl Valentin ein halber Sachse war. Seine Mutter, Maria Johanna Schatte, stammt aus Zittau, wo sie 1845 geboren wurde. Nicht umsonst sprach der bayerische Komiker gern vom echten Mutterwitz. Polt sagt: »Schon Karl Valentin spielte keinen Witz, er war der Witz. Ich bin froh, dass man einen Menschen – und das ist im Grunde das Schönste, was man einem Men-

schen sagen kann – dass er eben im Grunde nicht definierbar ist, dass etwas Geheimnisvolles bleibt an jedem Individuum, warum die Tante Anni so ist und der Onkel Sepp so ist … Genau das ist seine Freiheit: dass es für einen Menschen nicht einen gibt, der ihn betrachtet, sondern mehrere. Jo, mei, das ist wahrscheinlich eine fatalistische Aussage, also eine typisch katholische. Vielleicht auch ein bajuwarisches Grundgefühl.«
Karl Valentin sagt zur Kunst im Allgemeinen und Besonderen:

»Kunst kommt von können, nicht wollen, sonst müsste es ja Wunst heißen.«

Im Valentin-Karlstadt-Musäum, nicht Museum, sondern, ja, Musäum, im Isartor dürfen die Bastelarbeiten und Humorspickzettel des Panoptikums betrachtet werden. Ein Sammelsurium unnützer Dinge, die Karl Valentin alle höchst nützlich erschienen, anderen jedoch als unwahrscheinlich unnütz. Es geht darum, die Dinge zu verkehren, um sie zu erkennen. Genauso wie die Lüge die Fortsetzung der Wahrheit mit anderen Mitteln ist. Die zweite Berufung des Satirikers war Techniker, er baute alles, was unmöglich schien, einen Winterzahnstocher, den liegenden Stehkragen, den verflixten Notenständer oder eine geschmolzene Schneeplastik sowie zwei Regenschirme, einer groß, einer klein, Vater und Sohn.

Wenn zwei Regenschirme Nachwuchs haben, was kommt heraus? Ein Knirps.

Valentin:

Ein so kleiner Schirm, und trotzdem wird man nicht nass, wenn es nicht regnet.

So weltanschaute der Mann München, der ohne die Stadt nicht konnte. Aber die Münchner konnten ohne ihn. Das Verhältnis zwischen beiden war schon immer ein gestörtes. Valentin:

> »Hoffentlich wird es nicht so schlimm, wie es schon ist.«

Es wurde genau so schlimmer. Als der Komiker 1934 erstmals sein Musäum »in den Katakomben des Hotel Wagner tief unter den Trambahngleisen« eröffnete, schloss er es wegen mangelndem Interesse ein Jahr später wieder. Das Projekt hatte sein gesamtes Vermögen ruiniert und das seiner Partnerin Liesl Karlstadt gleich noch mit. Nach der Pleite erlitt sie einen Nervenzusammenbruch und unternahm einen Selbstmordversuch. Die Münchner berührte das wenig, beschreibt das Vorstandsmitglied der »Karl-Valentin-Gesellschaft« und des Valentin-Karlstadt-Fördervereins »Saubande« Alfons Schweiggert. Keiner habe damals geholfen. Und auch das Valentin-Denkmal auf dem Münchner Viktualienmarkt hätte es um ein Haar nicht gegeben, wenn es nach dem Oberbürgermeister gegangen wäre. Ein Denkmal? Bei aller Sympathie, aber das würde dann doch zu weit gehen. Hatte sich der Komiker nicht zur Nazizeit komisch verhalten? Zitat Valentin:

> Gut, dass Hitler nicht Kräuter heißt, sonst müsste man ihn mit »Heil Kräuter« grüßen.

Die Valentin-Komik steckte voller Dialektik, sich standhaft komisch zu halten, selbst mit dürrer Gestalt, gehörte zu seiner Berufung:

> Mögen hätt ich schon wollen, aber dürfen hab ich mich nicht getraut.

Kurt Tucholsky beschrieb die Gedankengänge als »einen Höllentanz der Vernunft um beide Pole des Irrsinns«. Valentin prägte Generationen von Satirikern, die sich später mühten, nie zu viel zu geben, sondern das Maß zu finden zwischen lebender Absurdität und totem Ernst. Noch mal Valentin:

Heute ist die gute alte Zeit von morgen.

In der Lach- und Schießgesellschaft auf der Ursulastraße begann Dieter Hildebrandt mit Kollegen beispielsweise 1956 ernsthaft mit Kabarett, politisches, das sich jährlich bis heute lebendig gegen den Einzug des Sensenmanns wehrt. Trotz anderslautender Gerüchte, die Miet-Haie in München verbreiten, bleibt die kabarettistische Gesellschaft in ihrem angestammten Haus. Mietpreiserhöhungen können ebenfalls das Ende eines kritischen Ensembles einleiten. Dieter Hildebrandt, gestorben 2013, schrieb über seine Anfänge: »Wir wussten schon damals, dass wir in Zukunft keine Vergangenheit haben werden. Und täglich starb das Kabarett, manchmal zweimal täglich.« Es ist ein Dauertrauerfall mit Perspektive. So wie die Finanznot des Staates. Nichts Neues also, sondern wiederholbarer Schmarrn.

Jetzt sind in der Lach- und Schießgesellschaft andere auf der Bühne, Caroline Ebner, Norbert Bürger, Sebastian Rüger und Frank Smilgies. Die letzten beiden firmieren als Ulan & Bator, zwei Kerle mit Pudelmütze, beide Jahrgang 1967, ein Rheinländer, wohnt in Köln und ein Niedersachse, wohnt in Berlin, die in München die deutsche »Wirrklichkeit« durchschauen wollen, die so wirrwahr wirkt. Das Duo bildet eine Art Bürgerkontrolle des Unkontrollierbaren. Absurd und komisch. Aber so will es die Lach- und Schießgesellschaft, raus aus dem bayerischen Mief, rein in die Wunden der Marktwirtschaft, bis es blutet.

Wie im Schlachthof, Zenettistraße 9 mit Bühne und Wirtshaus, nur 24 Minuten mit der U3 oder der U6 von der Lach- und Schießgesellschaft entfernt. Noch ein Lustspielhaus, wiewohl ein Lustspielhaus auf der Occamstraße 8 ebenfalls vorhanden ist. Auf der Schlachtbank liegen Kleinteile deutschen Alltags, zerstückelt von Humorfetischisten wie Abdelkarim, der im Bielefelder Ghetto kleingehalten wurde, aber da rauswuchs. Und das gibt es tatsächlich. Die Theaterleitung, ein Kraftpaket, Kraft, Norbert, Markus, Michaela. Sie holen auf die Bühne Rampensäue wie Enissa Amani, die sich zwischen Chanel und Che Guevara bewegt, eine deutsch-persische Gagbotschafterin. Sie versuchte viel, um sich nach ihrer Flucht in Frankfurt am Main zu integrieren, studierte Jura, ließ sich zur Vize-Miss Westdeutschland wählen, präsentierte im Tele-QVC-Kaufladen Kleider und jetzt erzählt sie davon. Es schaut bei bester Gelegenheit Willy Astor vorbei. Der Oral-Apostel, Verbbrecher, Silbenfischer, Verssager, Reimtimer, Schalkwellenreiter, Wortakrobat, Unfugunternehmer mit Schelmpflicht, erfreut an seinem Wörtersee, wenn ein Scherz seine Lippen verlässt. Eine Überdosis Kalauer aus München.
Ottfried Fischer sendete seine Hochgeschwindigkeitsvokabeln an seine Stammtischbrüder und Stammtischschwestern bis 2012 über den Bayerischen Rundfunk aus dem Schlachthof. Er gab auf, weil sein Parkinson ihn dazu zwang, und er von selbst bemerkte, dass er künftig keine Schüttelreime ansagen möchte. Guter bayerischer Humor verfügt immer über eine reichliche Portion Selbstironie. Nicht anders erklärt sich das jährliche Oktoberfest, wo längst das Maß voll ist, aber die Umsätze jeden Verkäufer zum Lächeln bringen. Köln zelebriert Karneval, München das Oktoberfest mit, laut offizieller Statistik des Ordnungsamtes, 2.345 Polizeieinsätzen, 234.000 geklauten Krügen, 48 in der Sammelstelle abgegebenen Kindern und 678 Fahrten unter Alkohol bei 27.270 Blaskontrollen. Da weiß der Münchner, was er hat.

Der bayerische Humor hat Tiefe und kriegt ab und zu Höhe, wie das Alpenland. Und noch eines ist ganz entscheidend: Der Bayer spricht scheinbar schnell, aber entwickelt den Gedanken ganz langsam. Noch ehe er Wurscht aussprechen kann, überlegt der Sachse, wie er wohl die Pelle noch verwerten kann. Der Berliner jedoch hat sie schon gefressen. Servus!

Der Karikaturist Rudi Hurzlmeier

Der Zwang zur Lederhose

Ihn reizt das Grauen. Er läuft gern über dunkle Friedhöfe. Die bieten ihm für seinen Humor unendlich viele Motive. Hinter den Koniferen locken krankhafte Kreaturen, von denen sich Rudi Hurzlmeier gern ein Bild malt. »Ich kann mir sehr gut vorstellen, wie ein Vampir beim Abendmahl sitzt und sich gütlich tut mit dem Besteck«, sagt der Mann aus dem katholischsten aller deutschen Landstriche.

Bevor der Münchner allerdings begreifen konnte, wo sein wirkliches Talent lag, erblickte er zunächst mal die ersten Bayern im Jahr 1952 im Klostersanatorium der Armen Franziskanerinnen von der Heiligen Familie zu Mallersdorf. Das muss außerordentlich einprägsam gewesen sein. Rudi Hurzlmeier hat seitdem einen angstfreien Zugang zum Apokalyptischen und liebt es, damit zu spielen. Den Umgang mit seinen Zwangsneurosen lernte der Vater zweier Söhne durch das Zeichnen. Er befreite sich malend und nennt seine persönliche Kunsttherapie »Entmonsterung«. So bannt er seine Dämonen.

Auch die Ursachen seiner gelegentlichen Ängste sind ihm völlig klar. Er sagt: »Das liegt an dem Zwang zur Lederhose, die mich schon in frühester Jugend das Fürchten lehrte.« Bis zu seinem zwölften Lebensjahr musste der Junge die traditionsbelasteten Beinkleider seiner großen Brüder abtragen. Danach hat er das Leder für immer abgelegt, weil er Uniformen nicht leiden kann. Seine Vorliebe gilt dem Individualismus. Ein Freidenker vor dem Herrn.

Auch im bayerischen Wald sucht er nach immer fetterer Beute. Die Suche danach wird allerdings ständig leichter, denn das gemästete Wild kann sich einfach nicht mehr ungesehen zurückziehen. Die Fresssucht des Wohlstandes ist es, die den Deutschen zur Zielscheibe werden lässt. So sieht es Hurzlmeier und landete damit einen Volltreffer. Mit seiner Karikatur »Versteckte Fette« überzeugte der Bayer erst die Redaktion der Titanic und kam auf die Titelseite. Später reichte er das Blatt bei der Jury des Deutschen Karikaturenpreises ein und gewann 2014 Gold. Zum zweiten Mal. Er schleppte den Preis auch schon 2010 weg und 2004 landete er auf dem dritten Platz. »Das ist fett, dass ich das dicke Ding noch mal bekommen habe«, sagte der heute 63-Jährige.

Der Meister der komischen Kunst empfand die Preise vor allem deshalb als Anerkennung, weil ihm das in seinem Leben nicht vorgezeichnet war. »Ich bin Schulabbrecher, weil ich die Dinge schon immer etwas anders gesehen habe als andere«, sagt er. Der Mann sieht und zeichnet die Welt in surrealistischem Barock. Und lange fehlte ihm jegliche Orientierung für eine gut bayerische Karriere. Er verdingte sich nach der Schulinterruption als Reisebuskoch, Tankwart, Dressman, Fallschirmartist, Fliesenleger, Gigolo, Kulissenbauer, Antiquitätenhändler und Obduktionsassistent. Diese Tätigkeit reizt ihn bis heute. Der Cartoonist seziert die deutschen Verhältnisse nah am Abgrund. Der Hobbypathologe wirkt neben seiner Obduktionstätigkeit außerdem als Psychoanalytiker der Gesellschaft und bekommt einen Auftrag nach dem anderen. Er sieht die krankhaften Neigungen handelnder Personen als seinen Vorteil, denn sonst hätte er ja nichts zu zeichnen. Der Mann diagnostiziert stoisch Schäden am menschlichen Wesen, wehrt sich gegen dumme Gewohnheiten. Seit 1985 ist er ständiger Mitarbeiter des Satire-Magazins Titanic. Als Illustrator arbeitete Hurzlmeier unter anderem mit Wiglaf Droste, Thomas Gsella, Harry Rowohlt, Peter Hacks und Truman Capote zusammen.

»Ich besitze ein südländisches Temperament, woher auch immer. Karibik mitten in Bayern«, sagt der Süddeutsche. Äußer-

lich wirke er vielleicht wie ein Eskimo, aber innerlich sei er ein Spanier. Der Wunschkaribe mag Kubaner und dessen lässige Volksmusik. Das bayerische Jagdhorntorötorö trötet ihm zu heimelig ins Lebensgefühl.
Sein Heißblut sieht der Betrachter vor allem den mit dem Pseudonym RuDiHu signierten Gemälden an. Hawaiihemd in Öl auf Leinwand. Die bemalt der Zeichner mit scheinbarer Leichtigkeit. Die bunten großformatigen Bilder werden auf dem Kunstmarkt inzwischen hoch gehandelt. Das freut den Künstler, der einen einfachen Grund für die enorme Handelsspanne sieht: »Kleine Karikaturen gelten oftmals deshalb nicht als Kunst, weil sie zu klein sind. Also begann ich große Formate zu malen, und plötzlich hielt man es für große Kunst.« Seit Beginn der neunziger Jahre lobt ihn deshalb die Kunstkritik. Und er lacht. Seine Werke wurden international in weit über 100 Einzel-Ausstellungen gezeigt; rund 40 Bücher erschienen über ihn und mit ihm. In jüngerer Zeit ist er auch als Dozent und Kunstvermittler tätig; so gehört er zu den treibenden Kräften für die Schaffung einer »Komischen Pinakothek« in München.
Natürlich übertreiben seine Bilder, sonst wären sie ja nicht lachhaft schön. Genau das aber ist ihr Sinn. Die Witzblätter sind vom Leben gezeichnet, sie wirken blitzschnell über das Gefühl. Aufklärung als Radikalkur. Hurzlmeier gehört allerdings nicht zu den ewigen Theoretikern. Er praktiziert lieber Kunst. Aber er kennt die weitläufige Historie des Karikierens. Spätestens im Gefolge der italienischen Renaissance, die eine Verbindlichkeit des Schönen mit Proportionen und Ebenmaß zur Norm erhob, wurde die Verletzung der Norm in Europa zum großen Spaß. Die Fratze bekam eine komische Aussagekraft und zielte auf die »Charakteristik des Hässlichen, das allerdings ein Verzerren ist«. So sagte es Hegel in seiner Vorlesung über die Ästhetik in den 1830er-Jahren. Der Philosoph Max Schasler nahm die

Idee Ende des 19. Jahrhunderts auf und erklärte Karikatur als die »Verhässlichung des Charakeristischen«.
Mit dem Aufkommen der Massenpresse Anfang des 20. Jahrhunderts bekam die Karikatur Massenwirkung. Zeitung und Zeichnung gingen ein unzertrennliches Verhältnis ein. Die Karikatur zielte in den Klassenkampf, setzte auf politische Wirkung und nicht mehr nur auf die Rolle als Antipode des Schönen. Sie wirkt bis heute aus der konkreten Lebenswelt, aus der Aktualität und besitzt damit geistige Sprengkraft. In den vergangenen Jahren schien diese Kraft zu ermatten. Alles und jeden lächerlich zeichnen zu können ohne Veränderung zu erzielen, das führte zur Langeweile. Doch seitdem in Paris die Redaktion von Charlie Hebdo wegen ihrer Islamismus-Satiren dran glauben musste, hat sich viel verändert. Die Radikalisierung des Meinungsstreits radikalisiert die Wirkung der Bildpointen, macht sie wieder bedeutungsvoll.
Hurzlmeier spürt deshalb keine Angst, aber er respektiert die Ansichten anderer Religionen. Ein Karikaturist müsse Mohammed nicht aufs Bild nageln. Die eigene Glaubensgemeinschaft schont er allerdings nicht. Aber er mag Respekt. Schließlich will er auch respektvoll behandelt werden. Und sei es auf dem Friedhof.

Rudi Hurzlmeier, Versteckte Fette
(www.hurzlmeier-rudi.de)

Deutsches Phänomen 5

Skandal im Deutschgebiet

Deutschland gleicht einer Schlachtbank, auf der sich die Erzengel der Tugend lustvoll im Abdecken austoben. So stand es in der französischen Zeitung »Le Point«. Und das nicht vor wenigen Wochen, als mal wieder der Bundesinnenminister im medialen Fleischwolf kleingedreht wurde, sondern 1999, als Alt-Kanzler Helmut Kohl wegen seiner geheimen Spendensammlung im öffentlichen Schlachthaus landete. Heute wandert die Aufregung ins Kuschelkissen der Geschichte, denn angeblich gab es zwar ein Ehrenwort, aber keine Spenden. Da soll noch was von einem anderen Schwarzgeldkonto übrig geblieben sein.

Doch wer wagt sich heute noch in die Öffentlichkeit, ohne befürchten zu müssen, dass im selben Augenblick sein Leben so lange vor allen ausgeweidet wird, bis er freiwillig den Rückzug anmeldet? Die kollektive Empörung gehört in Deutschland zum Volkssport wie in Frankreich das Boule-Spiel. Das Abservieren mehr oder weniger Prominenter unterhält die Nation, es ruft Emotion und Leidenschaft hervor. Mensch-ärgere-dich-nicht für Nichtwähler. Schlicht, aber genial. Der Zuschauer spielt mit, kann aber selbst nicht rausfliegen. Der Unterhaltungssport heißt »Skandalisierung« und folgt Spielregeln, die den Teilnehmern nicht unbekannt sind. Aber sie machen mit, sind Treiber oder Getriebener, Täter oder Opfer oder beides. Hauptsache, die Würfel fallen.

Deshalb nimmt auch die Spiellust am Skandal immer mehr zu, ähnlich wie die Casting-Shows im Fernsehen. Voyeurismus bringt Quote und offenbart zugleich den Zustand der Gesellschaft. Anfang der Fünfzigerjahre gab es in der alten Bundesrepublik pro Jahr etwa zwei bis drei politische Skandale mit bundesweiter Beachtung. Dies blieb so bis Mitte der Siebziger, als die Zahl der Skandale immer schneller zunahm. Bis 1993 auf etwa zehn pro Jahr. Sie blieben nicht mehr auf die Politik begrenzt und fanden plötzlich auch in der Natur, der Wirtschaft, bei der Ernährung, im Sport oder in den Kirchen statt. Bis 2005 stieg die Frequenz auf 25, inzwischen zählt Deutschland mit etwa 30 Skandalen pro Jahr zu den Schlachter-Weltmeistern. Eine Sau nach der anderen treibt man durchs Dorf auf den Marktplatz zur Steinigung. Und dann fliegen die Steine.

Erst kürzlich musste ein Gewehr herhalten, weil es bei Hitze nicht so sicher trifft wie bei Kälte. Nachträglich müsste Heckler & Koch den Friedenpreis des deutschen Abrüstungshandels bekommen. Denn mehr Pazifismus als mit einer Knarre, die nicht trifft, geht ja kaum. Nach der Waffe kam der Flüchtlingsstrom, aber davor hieß der größte Skandal Wulff, der schon wusste, dass der Islam zu Deutschland gehört. Und davor hieß der Skandal Reaktorkatastrophe und führte zum Atomausstieg, davor ging Guttenberg, ging Käßmann, ging Kachelmann. In Stuttgart tobten die Wutbürger, es drohte eine Ehec-Epidemie, sexueller Missbrauch in der katholischen Kirche ist bis heute nicht aufgeklärt. 2009 erfuhren die Deutschen, dass die Bahn den E-Mail-Verkehr ihrer Mitarbeiter gefiltert hatte, ein Jahr zuvor war öffentlich geworden, dass Telekom und Lidl Kollegen ausspionierten.

Doch je häufiger es Skandale gibt, desto schwächer die Erinnerung. Wer kennt schon noch den Fall Cem Özdemir oder Gregor Gysi, die dienstlich erworbene Bonusmeilen für private Flüge nutzten? Wer will noch wissen, dass Verteidigungsminister Rudolf Scharping im Pool mit seiner Liebsten badete, als in Afghanistan deutsche Soldaten starben? Ist noch einem klar, ob Kurt Biedenkopf wirklich als sächsischer Ministerpräsident ging, weil er bei Ikea einen Rabatt erbat und das zum Skandal wurde?

Die Skandalisierung von Missständen gehört zur Alltagsunterhaltung gelangweilter Deutscher. Kleiner Nebeneffekt: Der Skandal ist notwendig, sinnvoll und nützlich. Das behauptet jedenfalls ein Mainzer. Der Politikwissenschaftler Hans Mathias Kepplinger zählt und analysiert seit Jahren Skandale, um deren Funktionsmechanismen zu erkennen und Gesetzmäßigkeiten zu finden. Die Entrüstung im Sinne eines moralischen Gefühls folgt laut Kepplinger immer den gleichen Regeln: »Die Gründe für die selbstgerechte Empörung und ihr selbstvergessenes Versickern liegen weder im Charakter der Menschen noch in der Natur der Sache noch in der Bedeutung der verletzten Werte, sondern in der Art und Weise, wie wir in Situationen großer Ungewissheit kommunizieren.« Auch wenn es merkwürdig erscheint, dass Kommunikation seiner Meinung nach ohne den Charakter des Menschen betrachtet werden soll, wird doch offenbar, was den Skandal kennzeichnet: Alle glauben zu wissen, was geschehen ist, doch das moralische Urteil steht schon fest, bevor alle wirklich wissen, was geschah.

Fast alle Skandale auf Dramatisierung und einem Gruppendruck, der aus einer Meinungsvielfalt eine Gruppennorm macht. Kurz: Der Skandal vereint Gleichgesinnte. Unbemerkt orientiert sich der Einzelne an einem vorherrschenden Meinungsschema, das zur öffentlichen Meinung wird. Der Skandal beschreibt jene Zeit der Empörung, in der die kollektive Sichtweise dominiert und deshalb nüchterne Skepsis oder Differenzierung nicht als Tugend gilt, sondern als Uneinsichtigkeit. Sich stark zu machen für eine Minderheit wird in jener Phase fast unmöglich, und nur wenige tun es. So werden die meisten angeblichen oder wirklichen Missetäter auf dem Altar der Ängstlichkeit geopfert. Nicht der Skandal selbst ist also der eigentliche Missstand. Vielmehr die Perspektive, der Blickwinkel auf den Skandal. Der Mechanismus des Herdentriebs wirkt immer gleich: bei der Skandalisierung in einer kleinen Gruppe, einer Schulklasse, im Dorf, auf Bundesebene.

Spätestens seit der Affäre Wulff empört sich die Nation zusätzlich über die professionellen Empörer in den Medien, die in dem Begriff der »Lügenpresse« kulminiert. Denn die Medien tragen ganz entscheidend zur Aufregung bei. Die Steigerung der Skandalisierung hängt zusammen mit der immer größeren Medienvielfalt, dem neuen Massenmedium Internet und dem stärkeren Wettbewerbsdruck. Das Urteil Kepplingers über Journalisten ist wenig schmeichelhaft, denn er meint, die mediale Hinrichtung eines Einzelnen funktioniere nach eben den gleichen Regeln der Gruppendynamik. Ein Leitwolf – also ein nationales Leitmedium wie Spiegel, Frankfurter Allgemeine, Süddeutsche, Bildzeitung oder ARD – gibt eine Meinung vor, und andere Medien folgen. Die Vervielfältigung gleiche einer Meutenbildung, das Rudel stürze sich auf das Opfer, dessen Selbstverteidigung kein Gehör mehr finde, deshalb könne es sich auch schnell als Opfer darstellen. Denn es werde vor allem Meinung vervielfältigt, kaum die Fakten.

Doch im Kern steckt immer Wahrheit. Und indem die Massenmedien Missstände anprangern, kompensieren sie Defizite anderer Institutionen, die bei der Aufdeckung und Ahndung von Normverletzungen versagen. So funktioniert die Demokratie. Die Häufigkeit und Größe der Skandale zeigen aber zugleich die Funktionsdefizite des Staates. Und das ist keine Spielerei mehr. Und erst recht kein Spaß.

KAPITEL 6

Preußen gibt es nur noch zum Lachen

Entdeckungen in der Gegend des Flachlandhumors

Wer die Weißwurstgrenze in Richtung Nord-Ost überschreitet, gerät ins Weißbierzentrum. Und nur 100 Meter vom Checkpoint Charlie samt deutschdeutscher Grenzerfahrung geht es zum Currywurstmuseum. Selbstverständlich barrierefrei mit Imbiss. Mahlzeit! Die Weltzeituhr am Alex gilt als alter Treffpunkt im Osten, das Sony-Center als Allerweltstreff in der neu hochgezogenen Mitte und die Bikini-Mall mit freiem Blick auf gefangene Tiere als Facebook-Verabredungsort im Westen. Paviane grabbeln im Zoo gar nicht weit vom Kurfürstendamm auf ihre Sandsteinfelsen. Gegenüber hocken Menschen auf der Shopping-Dachterrasse und gaffen. Die Affen interessiert das wenig.

Der Großraumladen auf der Budapester Straße stammt aus dem Jahr 1957, galt nach dem Krieg als Schaufenster des Wirtschaftswunders West, gammelte aber nach 1990 vor sich hin, weil im Osten die Fördermittel für den Aufbau besser abzurufen waren. 2010 entdeckten bayerische Investoren das Gebäude wieder und designten es zur edlen Schlendermeile. Schräg gegenüber grunzen die »Stachelschweine«, das Theater-Kabarett, 66 Jahre jung und kein bisschen weise. 16 Minuten zu Fuß weiter den Kurfürstendamm runter liegt die »Komödie am Kürfürstendamm«, und wer die Uhlandstraße hochgeht, rechts abbiegt auf die Kantstraße, kommt zum »Stage-Theater des Westens«. Ein kulturelles Bermuda-Dreieck zwischen politischer Satire, Boulevarddauerfeuer und Musicalbeschallung. Kleine Auswahl von gut 70 Bühnen in einer Stadt, die sich nach wie vor uneinig zu sein scheint über ihre Einigkeit. Sie haben keine Chance, aber die nutzen sie mit aller Macht.

> Ein Berliner fragt im Ost-Bahnhof einen Mann, auf welchem Bahnsteig der Zug nach München fährt. Dummerweise trifft er auf einen Bayern. Der Berliner: »Wo jeht et denn zum Münchner Zuch?« Der Bayer: »Wenns'd mi anständig frogst, dann sog i's da!« Der Berliner: »Denn valoof ick mir lieber!«

Der Berliner sagt immer »mir«, auch wenn er es richtig sagt. Er sagt auch immer Dir, selbst wenn er es falsch sagt. So wie in der Komischen Oper gehört:

> Der Tenor schmachtet auf der Bühne: »Holde, ich liebe Dich!« Dazu leiser, amüsierter Kommentar aus dem ersten Rang: »Dich is jut.«

In der Grammatik fehlte dem Berliner stets die Disziplin, die der Preuße auf dem Exerzierplatz präsentierte. Im Leben hat die Hauptstadt ihre alte Bevölkerungsstruktur längst verloren. Hier herrscht eine eigenartige Verstrickung aus allem Möglichen. Der Berliner ist eine Mischung aus Partyzone, Schulden und Unbekümmertheit. Der Hip-Hop-Musiker und gebürtige Berliner Peter Fox beschreibt das in seinem Song »Schwarz zu Blau« unverbesserlich:

Komm aus'm Club, war schön gewesen
Stinke nach Suff, bin kaputt, ist 'n schönes Leben
Steig' über Schnapsleichen, die auf meinem Weg verwesen
Ich seh die Ratten sich satt fressen im Schatten der Dönerläden

Stapf' durch die Kotze am Kotti, Junks sind benebelt
Atzen rotzen in die Gegend, benehmen sich daneben
Szeneschnösel auf verzweifelter Suche nach der Szene
Gepiercte Mädels die wollen, dass ich Straßenfeger lese

Und der Refrain:

Guten Morgen Berlin
du kannst so hässlich sein
so dreckig und grau
Du kannst so schön schrecklich sein
deine Nächte fressen mich auf
es wird für mich wohl das Beste sein
ich geh nach Hause und schlaf mich aus
Und während ich durch die Straßen laufe
wird langsam schwarz zu blau

Nochmal reinlesen, weil Fox so gut beschreibt:

Halb Sechs, meine Augen brennen
Tret' auf ,nen Typen, der zwischen toten Tauben pennt
Hysterische Bräute keifen und haben Panik denn
an der Ecke gibt es Stress zwischen Tarek und Sam
Tarek sagt: »Halt's Maul oder ich werd' dir ins Gesicht schlagen«
Sam hat die Hosen voll, aber kann auch nicht nichts sagen
Die rote Suppe tropft auf den Asphalt, mir wird schlecht
Ich mach' die Jacke zu, denn es ist kalt

Irgendwie interessiert sich hier jeder für alles und nichts und auf keinen Fall für jeden. Die Rheinländer, die Bayern und die Sachsen haben dagegen ihre ganz konkrete Vorstellung von Berlin, das sie nach wie vor gern mit Preußen verwechseln. Die

Preußen hatten nie tiefen Humor, aber gaben und geben immer Anlass, über sie zu lachen. Von der Stadt an der Spree verteilten sich über ganz Deutschland Berolinismen, die jeder kennt: Etepetete, Klamauk, dufte, Fatzke, Jöhre, Moppel, pieckfein, Jacke wie Hose, schnieke, Kladderadatsch, schnuppe, schnoddrig, Stulle, Klimbim, piepe. Der Bayer kennt die Begriffe, aber den Preußen kennt er nur mit der Sau- davor und erzählt vom bierernsten, bärbeißigen, verberlinerten Preußen und verpreußtem Berliner, der sich anschickt, Macht über alles zu ergreifen, aber scheitert, weil er nicht mehr die Ordnung besitzen will.

Über Bayern lacht die Sonne, über die Preußen die ganze Welt!

Der Satz existiert in sämtlichen deutschen Variationen. Natürlich lacht ebenfalls über dem Rheinland die Sonne. In Köln, im Hänneschen-Theater hängt sogar eine urpreußische Figur im Fundus. Der Preuße heißt dort Schnäuzekowsky. Er trägt einen Schnäuzer, eine Pickelhaube und eine Uniform und taucht noch heute gelegentlich in Szenen auf, um alles, was sich prügelt und diskutiert, schnell zu schlichten. Der schnäuzt und droht mit dem Säbel und spricht so hart. Der Sachse kann den Typen nicht leiden, der an innerlicher Humorlosigkeit leidet. Der wettert wie einst Friedrich Wilhelm I.: »Nicht fürchten sollt ihr mich, lieben sollt ihr mich, lieben!« Doch es liebt ihn keiner. Die sächsische Seele ist resistent gegen den harten Schnarrer und ewigen Schnorrer.

Ein sächsisches Mütterchen ging in die Kirche. Doch sie sang nicht alle Lieder mit. Denn das göttlich Lied ging so: »Wir loben, preisen, anbeten dich.« Das Mütterchen sang: »Wir loben, Sachsen, anbeten Dich.«

Das mag Historie sein, aber es gibt nach wie vor kein Vertrauen gegen die Berliner, die im Reich des Flachlandhumors leben. Doch bis einer auf einen Urberliner stößt, das kann dauern. Aber er ist nicht zu überhören, denn er reagiert mit dem ihm eigenen Charme:

> Ihn hamse wohl det Jehirn jeklaut? Ihrn Vastand ham Sie wohl an die Jarderobe abjejeben? Jetzt platzt mir aba der Kragen! Det ick nich lache! Ihr dusseliches Jeflüster. So ne wie Sie fress ick zum Friehstick. Da bleibt vor Schreck der Wecker stehn. Wat ham Se sich eijentlich jedacht, sie Fannkuchen mit Beene.

Das ist der Witz. Hier wird erst geredet und dann gedacht, aber so oft hört der Besucher die Sprüche im Zentrum Berlins gar nicht mehr, da muss er in die Stadtteile fahren.
Dieter Wildt schrieb schon in den 1970er-Jahren in seinem Buch »Deutschland, Deine Preußen«: »Sind die ausgestorben? Wie die Goten und die Saurier, wie die Pferdeäpfel und die Nazis, wie die Unterröcke und die alten Römer? Wie die Vandalen? (...) Leben die Preußen vielleicht doch noch? Wenn schon nicht mehr auf dem Exerzierplatz, so doch auf dem Fußballplatz? Zickezacke, zickezacke, hei, hei, hei. Wenn nicht in der Öffentlichkeit, so doch privat?«

> Der Schoß ist fruchtbar noch, aus dem das kroch.

Das sagte Bertolt Brecht, der in Berlin 1949 sein Ensemble gründete, das heute sein Erbe pflegt. Der Schoß-Satz steht im Epilog des Theaterstücks »Der aufhaltsame Aufstieg des Arturo Ui«, das die Hitlerei und den Nazismus in die Gangsterwelt transferiert. Auf der Bühne des Lebens spielt die Nachgeburt aus dem Schoß im deutschen Land schon wieder fleißig auf der Klaviatur der Angst. Die meisten lachen darüber, aber es stockt vielen der Atem, wenn sie sehen, was wieder geschieht. Ein Witz:

> Eine alte Dame sitzt mit einem Neonazi zusammen im Wartezimmer. Lange mustert sie ihn von oben bis unten, schaut immer wieder auf die Glatze und anschließend auf die Springerstiefel. Nach einer Weile spricht sie ihn an: »Ach, Sie Armer! Erst die Chemo und jetzt auch noch orthopädische Schuhe!«

Der Publizist Ralph Giordano, ein einst von den Nazis verfolgter Hamburger Jude, schrieb nach den NSU-Morden: »Die Bundesrepublik ist längst aus allen Wolken ihrer Ahnungslosigkeit gefallen.« Kein Witz. Doch das heutige Berlin ist nicht Preußen, war es vielleicht nie. Dennoch hat sich Bolle ganz köstlich amüsiert. So heißt es in einem der bekanntesten Volkslieder in Berliner Mundart.
Erste Strophe:

Bolle reiste jüngst zu Pfingsten,
Nach Pankow war sein Ziel;
Da verlor er seinen Jüngsten
Janz plötzlich im Jewühl;
'Ne volle halbe Stunde
Hat er nach ihm jespürt.
Aber dennoch hat sich Bolle
Janz köstlich amüsiert.

Letzte Strophe:

Und Bolle wollte sterben,
Er hat sich's überlegt:
Er hat sich uff die Schienen
Der Kleinbahn druffjelegt;

Die Kleinbahn hat Verspätung,
Und vierzehn Tage druff,
Da fand man unsern Bolle
Als Dörrjemüse uff.

Beim Berliner geht es nicht zuerst um ihn selbst, sondern er besingt meistens den anderen. Er zeichnet eine Karikatur von dem, den er betrachtet, ohne sich selbst zu betrachten oder gar zu offenbaren. Niemals gerät er in diese Versuchung. Komisch ist immer der oder das andere. Der Berliner setzt auf Angriff, er verletzt offensichtlich, ihm ist nichts heilig:

Ick hau dir aus'm Anzug! Ein Schlag, und du stehst im Hemde da. Der zweite Schlag is Leichenschändung.

Oder:

Ick hau dir vor den Rangierbahnhof, det dir sämtliche Jesichtszüge entjleisen.

Hier werden sämtliche Gesetze der Physik außer Kraft gesetzt, Hauptsache es trifft. Das verrät mindestens Selbstsicherheit, das Ich behauptet sich mittelbar, in dem es blitzschnell angreiferisch ein groteskes Bild des Gegenübers malt. Ein Witzbold, provozierend und schlagfertig. Er sagt zu einer großen Frau, die über eine Straße zu ihrer Wohnung läuft, nicht, dass da eine große Frau über die Straße zu ihrer Wohnung läuft, er sagt:

Wenn die hinschlägt, is se gleich zu Hause, wa.

Und ein Berliner Taxifahrer sagt zu einem langsam vor ihm fahrenden Auto nicht, dass da ein Auto langsam vor ihm herfährt, er sagt:

Mann, da steh ick ja schneller als wie der fährt.

Der Urberliner schlägt höchst selten körperlich zu, er ist vielmehr ein Verbalterrorist. Sein Trick besteht darin, den anderen im Satz zu einem verzerrten Bild zu formen:

Ick stell mir vor, det de aus de Rippen kiekst, wie der Affe ausm Käfig.

Oder:

Wat, Se reden von meiner Nase? Sie haben doch selber so'n Ding, da kann sich'n Affe an schaukeln. Na, wat Sie hab'n, det is überhaupt keene Nase, det is ne zweischläfrige Hundehütte.

Das geht Schlag auf Schlag. Der Berliner sagt zum Sachsen: »Du hast det jut, du bist doof.« Klingt dämlich, aber es sagt, dass dem anderen all die Probleme des Lebens erspart bleiben. Dem Sachsen dagegen bleibt nichts erspart.

Ein Berliner setzt sich im Bahnhof neben den Sachsen und stellt ihm seinen Koffer auf die Füße. Der sagt nichts. Er spürt nur, wie die Wut in ihm aufsteigt. Der Berliner zündet sich eine Zigarette an und bläst den Rauch dem Sachsen direkt ins Gesicht. Der sagt nichts, aber seine innere Stimmung nähert sich dem Kochen. Der Berliner streift die Asche auf dem Mantel des Sachsen ab. Der schweigt. Da verbrennt der Berliner dem Sachsen mit der Glut den Handrücken. Jetzt schimpft der Sachse los: »Sie«, ruft er, »Sie! Wenn Sie jetzte Ihre Zigaredde ooch noch auf meiner Hand ausdriggn wolln, dann ..., dann ..., dann setzt ich mich weg.«

Berliner Witz ist der komplette Gegenentwurf zum bayerischen, hamburgischen und erst recht dem sächsischen Humor. Der Schriftsteller Thomas Brussig ist gebürtiger Berliner. Also muss er was wissen.

Was ist denn nun Berliner Humor, wenn es den überhaupt gibt?

Vielleicht kennen ihn viele noch gar nicht, denn er ist sehr jung. Berlin hat ja als Stadt lange keine Rolle gespielt. Aber er hat etwas anti-autoritäres, was sicherlich Berlins Identität als Residenz-, Regierungs- und Verwaltungszentrum des autoritären Preußens und des bürokratischen Deutschlands oder eben auch der ideologischen Scharfmacherei der Zeit von Staatssozialismus und Teilung geschuldet ist.

Wie lässt sich dieser Humor beschreiben?

Geprägt ist er vom Dialekt. Und die Sprache der Berliner klingt nun mal zackig, irgendwie bedrohlich. Der Übergang vom Berlinern zur Handgreiflichkeit wirkt fließend, man weiß nicht, wo das eine aufhört und das andere beginnt. Keiner kann höflich berlinern.

Warum dann diese Angriffslust?

Ich würde es Schlagfertigkeit nennen. In einer Großstadt herrscht eine andere Geschwindigkeit als auf dem Land. Auch die Sprache geht schneller. Deshalb ist der Berliner von Leuten, die ihm die Zeit nehmen, auch schnell mal genervt und fasst die Sache mit einem Witz zusammen.

Zum Beispiel?

Ich habe selbst erlebt, wie sich zwei Kollegen auf einer Baustelle unterhielten. Der eine sagte, dass es am Samstag bei »Zenner« – einem großen Biergarten – ne wüste Massenschlägerei gegeben haben soll. Darauf nickte der andere, zog die Lippe hoch, legte ne Zahnlücke frei und sagte: »Dabeijewesen.« Eine beliebte Warnung bei Unverschämtheiten heißt: »Quatsch dir mal keen Zahn locker!«

Gibt es eine Berliner Witzfigur?

Da sehe ich auf den ersten Blick nur den Eckensteher Nante, der als Nichtsnutz an der Ecke steht und das Leben kommentiert und alles, was sich so wichtig gibt, dekonstruiert, ums' mal mit einem Modewort zu sagen. Ansonsten halte ich auch den sogenannten Mutterwitz für die Errungenschaft des Berliner Humors.

Der Eckensteher teilt also gern aus, kann aber nicht einstecken, so wie der Thomas Brussig im Roman »Das gibt's in keinem Russenfilm«?

Das Einsteckenkönnen gehört beim Berliner dazu, da sich Berlin regelmäßig zum Gespött macht. Ob Flughafenneubau, Olympiabewerbung oder was auch immer: Alle ehrgeizigen Projekte werden für den Berliner zur Blamage. Ich muss allerdings zugeben, dass in Berlin der Humor nicht so im Leben verankert ist wie beispielsweise im Rheinland. Der humorlose Rheinländer gilt ja als asozial, der humorlose Berliner leider nicht.

Und ist Ihr Anti-Held Klaus Uhltzscht aus Ihrem Roman »Helden wie wir« kein Vertreter des Berliner Humors?

Das ist ein komischer Roman mit einem komischen Helden, allerdings ist dies »Komik aus Berlin«, vermutlich aber nicht typisch Berliner Humor. Diese neurotische, komplexbeladene Figur ist eher von Woody Allen inspiriert, oder sie ist ein Forrest Gump des Realsozialismus. So wie bei dieser Begegnung:

Vor dem Kaufhaus des Westens steht ein Portier. Direkt vor ihm hält ein großer schwarzer Mercedes. Dem entsteigt ein Anwalt, dessen Frau ihn bat, ihr zum Geburtstag ein Rhesusäffchen zu schenken. Der Anwalt sieht den KdW-Portier und fragt: »Führen sie Affen?« Der Portier: »Ich kann im Augenblick von meinem Platz nicht weg.«

Ja, da wirkt einer leicht gereizt, wird ausfällig und sagt später noch, »der will mir uffn Arm nehm« oder »brauchst ja nich so dusslich zu kiecken« oder »mir könn se keen Bonbon ans Hemde kleben« oder » jetzt hab ick die Faxen dicke«. Dahinter steckt eine große Unsicherheit einer jungen Kultur, eine große Unfertigkeit, die dauernd nachsieht, von wo sie nun wieder angegriffen werden könnte. Das schrieb schon Herbert Schöffler: »Gewiss, hinter dieser Sprödigkeit nach außen und hinter dieser Schnoddrigkeit, hinter diesem allzeit kampfbereiten Wesen steckt eine Weichheit, die unter keinen Umständen gezeigt werden soll. Berliner Schnoddigkeit ist oft Tarnung, weil man sich nicht unterkriegen lassen will.« Zudem veränderte sich die Stadt seit dem Zweiten Weltkrieg gewaltig: Geteilt, auf der einen Seite subventionierte Freiheit, auf der anderen kontrollierte Feigheit, vereint, wachsende soziale Spannungen und größer werdende Internationalität, über die ebenso gewitzelt wird:

Erster Schultag in Berlin. Der Klassenlehrer ruft seine Schüler auf: »Mustapha El Ekhzeri?« – »Ja!« – »Achmed El Cabul?« – »Ja!« – »Kadir Sel Ohlmi?« – »Ja!« – »Mohammed Endahrha« – »Ja!« – »Mel Ani El Sner?« Stille im Klassenzimmer. »Mel Ani El Sner?« Stille im Klassenzimmer. Ein letztes Mal: »Mel Ani El Sner?« Jetzt steht ein Mädchen in der letzten Reihe auf und sagt: »Det bin wahrscheinlich ick. Aber mein Name is Melanie Elsner.«

TV-Comedian-Figur Cindy aus Marzahn ist vereintes Berlin. Sie ist dicke da und spielt auf einer Ebene. Sie ist sie, sagt sie:

»Ick labere eefach vor mich hin, mich kann eh keiner von de Bühne tragen.«

Die einstige Kellnerin und Animateurin verteidigt ihr Leben. Aus Angst, wieder auf Harzt IV abzusteigen, ackert sie sich durch alle Shows und sämtliche Big-Brother-Container, hat kaum Zeit, über ihren Humor nachzudenken. Ilka Bessin aus Luckenwalde steckt in dem Trainingsanzug aus Plüsch. Als Cindy sagt sie viele Dinge, die Ilka nie in den Mund nehmen würde. Ilka sagt: »Aber zu 70 Prozent ist es mein Leben, von dem ich da oben auf der Bühne erzähle. Die Arbeitsamtsgeschichten, die Männergeschichten, die Kellnerinnengeschichten. Cindy sagt, was andere *nicht* denken:

Ick habe Alzheimer-Bulimie, erst esse ick alles und dann vergesse ick zu kotzen.

Oder:

Meine Mutter hatte ja eine schwere Kindheit, nämlich meine.

Oder:

Frauen machen ja für Männer grundsätzlich alles. Ick hab mir für mein Idioten det Fett absaugen lassen. Ick warte heute noch druff, det die Schwellung zurückjet.

Oder:

Kürzlich traf ick meinen Traummann, 1,48 groß, 170 Kilo schwer, braun gebrannt, so eene Art Türsteher, keen Hals, keene Haare, keen Gehirn. Der hatte ooch immer so nette Blümchennamen für mich uns sagte zu mir: olle Pissnelke, mache hin.

Mario Barth ist ebenfalls vereintes Berlin. Massen mögen ihn, viele ertragen ihn nur mit Ohrstöpsel und Augenbinde. Denn Barth berlinert nie von sich, sondern immer von anderen, seiner Freundin, seinem Laptop, seinem Auto. Und lacht am meisten über seine eigenen Witze. Er füllt Stadien, weil er als Mann auf dem niedrigsten Stand der Evolution verharrt, um sich geradeaus durch den Alltag zu schwatzen. Er ruft »Pass uff« und »Is wahr« und steigert sein »Pass uff, pass uff, pass uff«, bis nichts mehr kommt. Das ist absolut voraussetzungslos und massenkompatibel. Die Amplitude seines Humors reicht vom Küchentisch bis zum Mülleimer. Flachlandhumor für Flachbildschirme.

Cindys und Barths Humor passen, wie Kurt Krömer aus Wedding, ins TV-Schema. Bei Krömer denkt der Zuschauer: So weit wird er wohl nicht gehen, aber er geht noch weiter. Das ist provozierte Peinlichkeit oder vielleicht einfach nur Fernsehen. Als die Gagindustrie begriff, dass die Spaßgesellschaft gesamtdeutsch funktioniert und der Deutsche Lust am Lachen hat, da nahm sie, was sie kriegen konnte. Längst existieren in Deutschland mehrere Fernsehstationen, die industriellen Klamauk am laufenden Lachband produzieren, gestanzt aus Phrasen zwischenmenschlicher Alltagspossen. Die Schablonen kommen aus der amerikanischen Stand-up-Tradition, die Lacher viel zu oft aus dem Lautsprecher. Aber es lacht ja genug Zielgruppe mit. Das Fernsehen übertreibt und zieht aus dem telegenen Gute-Laune-Kraftwerk Geld statt Erkenntnis. Auf dem Hirnkonto bleiben Schulden und es wird nichts. Wie auf dem Berliner Flughafen.

Der Journalist und Satiriker Hans Zippert, der in seinem Lebenslauf angibt, 1957 in Bielefeld geboren zu sein (da ist sie

wieder, die große Verschwörung), schreibt leidenschaftlich über Berlin, wo er vom Fahrrad fiel und sich für Augenblicke nicht mehr spürte. Seine Gedanken rasten schneller als sein Herz. Ein Berliner Infarkt mit anschließender Reha. Zustandsbeschreibung für Mensch und Hauptstadt. Der satirische Lieblingsheld war SPD-Wowereit, der das eigene Versagen versiegen ließ. Zippert zappt sich durch die Hauptstadt und behauptete in einer seiner Kolumnen, dass bis heute die Willy-Brand-Schutzanlage auf dem Fluch-Hafen nicht funktioniert. Doch deshalb steckte der nichtregierende Bürgermeister nie den Sand in den Kopf. Nein, er sagte voraus, der Schönefelder Landeplatz werde 2017 eröffnen. Allerdings zunächst nur für Fußgänger und Radfahrer. Danach dürften ab 2019 einige Segelflugzeuge die Terminals probeweise überfliegen. Gelingt dieses Experiment, folge ein achtzehnjähriger Testlauf der Anlage mit Fledermäusen und Hamstern. Und wir müssen das alles bezahlen.
Die Sachsen schickten schon vor Jahrzehnten aus Rache einen Leipziger an die Spree. Noch heute hängen Postkarten von Walter Ulbricht an den Berliner Kiosken. Darauf steht:

Niemand hat die Absicht, einen Flughafen zu errichten.

Ulbricht hatte nie eine Absicht, sondern wollte überholen ohne einzuholen. Die sächsische Scherzoffensive glückte und endete mit dem Fall der Mauer. Vom Bau bis zu deren Fall dauerte es übrigens 28 Jahre. Es gibt also Hoffnung für den Berliner Flughafen. Ulbricht-Witze dagegen haben bis heute überlebt:

Der Lehrer sagt zu einem Kind in der Schule, es soll mit »Freundschaft« grüßen. Der Vater des Kindes aber sagt, es soll »Guten Tag« sagen. Das Kind schreibt, um Klarheit zu bekommen, an Walter Ulbricht und dieser antwortet: »Solange ich in der DDR etwas zu sagen habe, wird es keinen Guten Tag geben.«

Oder:

»Genossen, die Amerikaner sind zum Mond geflogen, wir aber fliegen zur Sonne.« Sagt sein Helfershelfer: »Aber Genosse Ulbricht, auf der Sonne ist es viel zu heiß.« – »Macht nischd, wir fliegen nachts.«

Oder:

Ulbricht beobachtet in Berlin vom Staatsratsgebäude aus, wie zwei Bauarbeiter ein Loch für einen Fahnenmast ausheben. Nachdem sie den Mast hineingesteckt und das Loch verfüllt haben, stellen sie fest, dass noch Erde übrig ist. Sie graben ein zweites Loch, um dort die Resterde reinzuschütten, aber natürlich bleibt wieder etwas übrig. Da öffnet Walter Ulbricht das Fenster und ruft den Bauarbeitern zu: »Nu, Genossen Ihr müsst tiefer graben, tiefer.«

In der Berliner Distel auf der Friedrichstraße 101 erinnern sich die meisten an einen kleinen Dialog zwischen Willy Brandt und Walter Ulbricht:

Brandt: »Ich sammle Witze, die Leute über mich erzählen.«
Ulbricht: »Ich habe ein sehr ähnliches Hobby. Ich sammle Leute, die Witze über mich erzählen.«

Da stößt in der wieder vereinten Stadt ein Phänomen direkt aufeinander: Humor Ost versus Humor West. Die DDR war gar nicht lustig, aber komisch, die BRD beides. Die hatten im Westen schon immer mehr, hieß es im Osten. Es kam im Jahr

1990 zusammen, was nicht mehr viel voneinander wusste und sich doch näher war als gedacht. Der Bayer Dieter Hildebrandt verehrte den Berliner und jahrelangen Chef der Distel Peter Ensikat, und der mochte den Mitbegründer der Münchner Lach- und Schießgesellschaft. Beide kannten sich schon vor 1989. Als Deutschland im Jubel schwelgte, weil die Vereinigung vor der Tür stand, fragte Hildebrandt Ensikat: »Willst du dich mit mir vereinigen?« Ensikat: »Nee!« Darauf Hildebrandt: »Gut, dann können wir ja Freunde bleiben.« Beide führten kurz vor ihrem Tod im Jahr 2013 ein langes Gespräch, gedruckt im Buch »Wie haben wir gelacht«. Auch zwei Jahrzehnte nach der deutschen Vereinigung blieb immer eine Verdächtigung zwischen den Deutschen.

> Hildebrandt zu Ensikat: »Du lächelst so überlegen. Dieses nachsichtige Lächeln, das musst Du mir mal erklären.« Ensikat: »Ihr könnt doch nicht wissen, was ihr alles nicht wisst.« Hildebrandt: »Wovon glaubt ihr denn zu wissen? Trotz Westfernsehen hattet ihr ja keine Ahnung vom Westen. Oder meinst Du, dass im Fernsehen auch nur irgendein Lebenszeichen von uns in echt rübergekommen ist? Ihr habt doch nur an das Werbefernsehen geglaubt.« Ensikat: »Schlimmer, wir haben es für die Wirklichkeit gehalten. Und deshalb wollten wir den Westen zu uns rüberholen. Aber als er dann da war, wollte ihn kaum noch einer gewollt haben.« Hildebrandt: »Das war das Missverständnis.«

Die Distel lebte all die Jahre gut davon, auch nach 1990. Da kam neben dem gelebten Zusammenleben noch gefühlte Verachtung aus dem Westen Richtung Osten hinzu. Ensikat: »Verachtung geht eigentlich fast immer von Westen nach Osten.« Aber auch die Verachtung produzierte Pointen auf der Bühne. Kabarettisten wurden nicht arbeitslos. Manchmal dachte Ensikat daran, dass er zwar anfing mit dem »Rat der Spötter«, der verboten wurde, dass seine Texte der Zensur unterlagen, dass er immer mal wieder verboten wurde, aber 1988 mit Kollegen den Nationalpreis der DDR erhielt. Später sagte er: »Ich habe wohl vor allem mitgeholfen, das Regime mit Lachen hinzunehmen.« Das ist keine Bilanz des Scheiterns, sondern der Erkenntnis, dass auch der Kabarettist überleben will. Das sah Dieter Hildebrandt übrigens ganz genauso. Die Narren betreiben Ventilatoren, weil sie immer wieder heiße Luft aufwirbeln, sie sitzen an Ventilen, um den Überdruck abzulassen. Nur stetes Lachen höhlt den Betonkopf. Da ist sich Deutschland einig.

Das Kabarett »Die Distel« jedenfalls war schon bei seiner Gründung im Jahr 1953 ein Einheitspflänzchen. Denn das heute größte Kabarettensemble Deutschlands würde es ohne das Westberliner Kabarett »Insulaner« vermutlich gar nicht geben. Actio gleich Reactio. Die einen stachelten Richtung Ost, die anderen sollten Richtung West stacheln. Aber sie taten es nur mäßig, sie nahmen sich vor allem regelmäßig ebenfalls den Osten vor.

Die Disteln stacheln nach wie vor an der Ecke an der Friedrichstraße, die jetzt East End, das Theaterviertel, heißt. In der Nachbarschaft öffnen abends ihre Bühnen der Friedrichstadt-Palast, der Admiralspalast, das Chamäleon, das Berliner Ensemble, das Deutsche Theater, das Maxim-Gorki-Theater und der Quatsch-Comedy-Club. Eine Scherz-Institution samt Grins-Grins-Grins-Chef. Stefan Hermanns heißt der Mann, ein Suchttyp auf dem Scherztrip. Einer, der die Spaßnation kennt, geboren in Bochum, gestrandet in Hamburg, umgezogen nach Berlin. Er umarmt die Welt mit einem Lächeln und umarmt jeden, der auch nur einen Hauch von Pointe ausatmet. Der Berliner Club darf als Kuranstalt für Heiterkeit betrachtet werden, am Ticket müsste sich die Krankenkasse beteiligen, weil hier Vorsorge gegen Depression betrieben wird. Der Besucher erlebt die Leichtigkeit des Seins.

Kleiner Ausflug noch nach Charlottenburg. Da wohnen die »Wühlmäuse« und da wuselt ein Mann, der aus Dessau zu den Berlinern kam, Hans im Glück als Rampensau: Dieter Hallervorden. Der Komödiant nennt sein Leben eine glückliche Verkettung von aneinandergereihten knackigen Pointen. Mit Freude servierte er sein halbes Leben lang den Deutschen Quatsch mit Soße. Ein verrückter Kerl, den alle nochmals für verrückt erklärten, als er 2008 sein Erspartes komplett in das verrottete Schlossparktheater in Steglitz steckte. Dabei wusste er doch, wie schwer es werden würde, eine ernsthafte Bühne zu etablieren.

Didi tingelte sich zuvor clownesk durchs Lachland, schuf Nonsens statt Konsens, sein »Palim, palim« tönte nervend in den Ohren und die Kuh Elsa diente als Vieh-hikel, um dem Hausherrn scheibchenweise die Brandkatastrophe schmackhaft unterzujubeln. Sketche, die schon gestern aussahen wie aus der Mottenkiste des Humors. Zum Lebensabend wollte der Schauspieler endlich nicht mehr im Spottlight stehen, sondern ernstgenommen werden. Ein Angriff auf seinen Didi, eine Art Selbstmord, um sich zum Schluss ins rechte Licht zu rücken.

Als Student plante Hallervorden übrigens ein Attentat auf Walter Ulbricht, was bei einem gezielten Abschuss den Lauf der Geschichte noch komischer verschoben hätte, als er sowieso schon verlief. Apropos lief: Als Marathonläufer drehte Hallervorden im Alter noch einmal auf und in Vergessenheit gerät er schon deshalb nicht, weil er mit Til Schweiger »Honig im Kopf« drehte, ein Film zwischen Vergesslichkeit und Verdrängung. Schließlich war nicht alles schön. Hallervorden vertritt das komische Berlin, seine Verdrehungen, Wandlungen, Wirrungen. Und er ist Einheitsdeutscher, der lacht, wie ihm gerade ist, er lacht über sich und über andere. Aber am liebsten mag es der 80-Jährige, wenn über ihn gelacht wird. Wir lachen. Moment ... britische Forscher von der University of Hertfordshire in Hatfield haben vor einigen Jahren über eine Online-Umfrage unter 40.000 Witzen den folgenden Witz als Champion identifiziert:

> Zwei Jäger gehen durch den Wald, als plötzlich einer von ihnen zusammenbricht. Er scheint nicht mehr zu atmen und seine Augen sind glasig. Der andere Jäger holt das Mobiltelefon heraus und betätigt den Notruf. Er keucht: »Mein Freund ist tot! Was kann ich tun?« – »Beruhigen Sie sich, ich werde Ihnen helfen«, bekommt er zur Antwort. »Gehen Sie erst mal ganz sicher, dass er wirklich tot ist.« Stille. Dann ist ein Schuss zu hören. Zurück am Telefon fragt der Jäger: »In Ordnung. Was jetzt?«

Wir fahren nach Sachsen.

Deutsches Phänomen 6
Klagen eines bayerischen Gärtners

In kleinen Gärten macht sich der Bayer große Gedanken. Und so sprach einer am Ende seiner Gedanken, Zitat: »Das ist nicht mehr mein Land! Das ist nicht mehr mein Deutschland! Hier läuft nichts mehr wie es soll. Nehmen wir nur mal ... nehmen wir mal nicht die Deutsche Bahn, die mich zu spät in stille Örtchen fährt. Nehmen wir nicht die Bahn. Das ist eine Kleinigkeit. Nehmen wir mal was Großes ..., meinen Garten.

Da ist alles zu spät. Da wuchert ein unbekanntes Kraut, das mein ganzes Grundstück besetzt. Ich habe mich erkundigt: Das Kraut ist eingeschleppt und heißt aufrechte Ambrosie. Deshalb habe ich die deutsche Industrie angerufen. Ich habe Experten der BASF beauftragt, dass sie mir diesen Fremdling vergiften. Bis zur Wurzel. Ausmerzen, ausrotten, wegätzen. Aber die BASF, also die deutsche Industrie, schafft es nicht. Sie scheitern an dem fremden Kraut. Sie empfiehlt mir vielmehr, es aufzunehmen, mich damit zu arrangieren. Was immer das heißen mag.

Ich frage Sie, wann hat es denn das in der Geschichte schon einmal gegeben, dass die deutsche Industrie an fremdem Kraut scheitert? Haben Sie schon mal gehört, dass es der BASF nicht gelingt, etwas auszumerzen!? Ich habe mir die Unternehmensstatistik angeschaut – das ist noch nie passiert, seit 1865 nicht. Und der IG Farben sowieso nicht. Jetzt passiert es einem deutschen Unternehmen, dass es gegen fremdes Unkraut verliert.

Das Unkraut verbreitet sich in einer Anmaßung in meinem Garten, wie ich es bisher nicht für möglich hielt. Die aufrechte Ambrosie ist ein heimtückisches Kraut. Denn meistens bleibt es unerkannt. Zu alltäglich ist die Gestalt, es passt sich so geschickt an an die deutsche Flora und Fauna, dass es dem einheimischen Beifuß inzwischen ähnlicher ist als der Beifuß sich selbst.

Gartenforscher warnen vor einer möglichen Spezies-Invasion in ganz Deutschland. Deshalb muss man analysieren, was es ist und wo es herkommt. Warum diese Spezies? Und ich frage: Wie hat es überleben können, wieso ist es plötzlich erwacht und verbreitet sich?

Das hat es doch früher nicht gegeben. Bisher herrschte doch Ordnung in meinem Garten. Das hat doch kein Mensch gewusst, dass das da kommt. Davon hat doch kein Mensch geredet. Keiner. Hätte ich das gewusst, hätte ich meinen eisernen Gartenzaun nie geöffnet.

Das Kraut in meinem Garten darf rein und raus und raus und rein und sich ungeschützt vermehren. Dabei mährt es viel mehr als beispielsweise der Bayer. Wissen Sie, was passiert, wenn sich Minderheitenkräuter mischen und vermehren? Sie werden zur Mehrheit! Die Jahrhunderte mehrende, pardon, währende Allmacht der CSU ist ja schon gebrochen. Gruzi Türken noch einmal.

Dabei geht diese Spezies in aller Stille vor. Sie schlägt keinen Lärm in den Wäldern wie die Sudetenpflanzen, sie marschiert nicht mit Samen und Knollen über die Pflanzplätze wie die Königsberger Blumengärtner, sie fliegt auch nicht mit Trommeln und Fanfaren über die Beete wie die Schlesiersaat. Nein, diese Spezies siedelt sich leise an.

Unbemerkt kommt es angeschlurft. Und es macht keinerlei Anstalten, zu gehen. Das geht nicht. So geht das nicht. Die Ambrosie setzt sich fest. Dagegen ist kein Kraut gewachsen, und kein deutsches Unkrautvernichtungsmittel wirkt. Sie ist resistent und wuchert über meinen ganzen Garten, über das ganze Land, bis der einheimische Beifuß ausgemerzt ist.

Ich habe mich erkundigt: Die Ambrosie ist ein Fluchtkraut und verbreitet sich in den Koffern von Flüchtlingen. Grenzenlos. Die Russen sind weg, aber die Ambrosie ist da. Den Russen kannten wir, weil wir gegen ihn verloren haben, aber die Ambrosie hat sich uns bisher nicht vorgestellt. Jahrhundertelang verkroch sich dieses Kraut in seiner Heimat, es galt als wuchsunfähig. Mir kommt das vor wie der Sachse. Der wohnt in Kleinstädten, die verbunden sind mit Kleinbahnen. Er erfand Kleinkram, mit dem er es sich in mit seiner Kleinfamilie gemütlich macht: den Teebeutel, den Kaffeefilter, die Thermoskanne, den Bierdeckel, zierliche Klöppelspitzen, säuberndes Mundwasser, feines Porzellan.

Sächsische Schrebergärtner, so hörte ich, pflegen schon lange die aufrechte Ambrosie statt des Beifußes. Und der Sachse ernährt sich von Kleintierhaltung, arbeitet in Kleinbetrieben oder als Kleinunternehmer. Der Kleinbürger rechnet alles bis ins Kleinste nach, kleinlaut friemelt er kleinklein Kleinkunst, spielt kleine Programme auf Kleinkunstbühnen. Er fotografierte als erster Mensch mit der Kleinbildkamera. Saurier hält er in Kleinwelka, wandern geht er mit seiner Kleinfamilie im kleinsten deutschen Gebirge, das auf Sand gebaut ist, dem Elbsandsteingebirge und nennt es kleinlich Kleinod. Der Obstbauer David Klein aus Kleinnaundorf erfand den Kleinen Feigling. Na, dann Prost.

Und da fragt sich noch einer, was die Ursache für die Krise in meinem Garten ist!? Da fragt noch einer, warum dieses Deutschland, nicht mehr mein Land ist? Wer bitte hat uns denn, rein statistisch betrachtet, in unserer deutschen Wunderwirtschafts-Komfortzone gestört, dass wir bald aus dem Blechnapf fressen? Wer hindert denn die deutsche Industrie daran, dass sie Unkraut vernichten kann? Wer will denn, dass die Landschaft blüht wie die aufrechte Ambrosie? Wer hat uns denn das Begrüßungsgeld aus den Rippen geschnitten, um uns dann die Ambrosie ein- und die Fabriken aus dem Land zu schleppen?

Das ist nicht mehr mein Land.« Zitatende.

KAPITEL 7

Forhonebibeln könn mor uns alleene

Tief in Sachsen, wo die schönen Kalauer wachsen

In Sachsen angekommen, wird eines sofort klar: Da kurz vor Böhmen liegt eine merkwürdige Scherz-Enklave. Sie kann nicht an einer Stadt gemessen werden wie Hamburg, Köln, München oder Berlin. Es durchzieht ein Jux das ganze Land von Dresden über Pirna bis Wurzen und Leipzig. Sachsen steckt voller Witz. Man reise nur nach Oberoderwitz, Bratschwitz, Oberlungwitz, Priestewitz oder Raschwitz.
Der Sachse bekommt alle Vorurteile, die sich finden lassen, aufgeladen und mit Schadenfreude quittiert. Der Sachse ist nicht unschuldig daran, denn er eignet sich hervorragend als Lachopfer, weil er sich freiwillig opfert, er spielt den Witz der Nation. Er macht sich lächerlich, um mit vorgetäuschter Schwäche durchzukommen. Der Sachse Joachim Ringelnatz sagte:

Humor ist der Knopf,
der verhindert,
dass uns der Kragen Platz.

Jawohl. Der echte sächsische Witz spielt im Alltag, zum Beispiel am Stammtisch, am Marktplatz, zu Hause, in der Straßenbahn oder im Zugabteil. Und die Witze dazu erzählt beispielsweise der Leipziger Kabarettist Bernd-Lutz Lange im Keller. Dorthin gehen die Messestädte, um zu Lachen. Im

»Academixerkeller« halten sich seit 1966 die Gäste die Bäuche. Über so etwas hier:

Ein Sachse fährt mit dem Zug nach Leipzig. Ihm gegenüber sitzt ein Offizier. Er schläft. Plötzlich wird dem Sachsen schlecht und er erbricht sich auf die Uniform des Offiziers. Der Sachse nimmt schnell ein Taschentuch und es gelingt ihm, das Gröbste von der Uniform abzuwischen. Da erwacht plötzlich der Offizier. Der Sachse sagt ganz fürsorglich: Und? Geht es ihn wieder besser!?

Oder so was:

Ein Sachse sitzt im Zug, der an der Grenze zur Schweiz hält. Da kommt der Zoll und fragt: »Zigaretten? Spirituosen? Kaffee?« Der Sachse: »Nee dange, ich bin eingedeggd.«

So was:

Ein Sachse stürzt mit seinen Koffern zum Bahnsteig, hastet dem Zug entgegen, aber der fährt ab, und es sind nur noch die Schlusslichter zu sehen. Jemand, der das beobachtet hat, fragt den Sachsen: »Haben Sie etwa den Zug verpasst?« Da sagt der Sachse: »Nee, nee ich wärn wo forscheuchd ham.«

Der Sachse macht plötzlich ernst, ohne ernst zu werden. Seine Heiterkeit kann die tiefste Art der Ernsthaftigkeit sein. Muss es aber nicht. Denn der Sachse nimmt sich selbst gar nicht so ernst, aber seinen Humor. Mit ihm wird es irgendwie komisch oder eine komische Situation entspannt sich.

Das Kreuzfahrtschiff, die Costa, sankt vor der italienischen Insel Giglio. In einer Kabine, ganz allein gelassen und eingeschlossen zwei Sachsen. Das Wasser steigt und steigt. Da murmelt ein Mann seiner Frau zu: »Renade, eechendlich wollde ich mich ja forbrenn lassn ...«

So merkwürdig ist der Sachse. Des Merkens würdig. Ja, seine Possen fühlen sich in der größten Anspannung sauwohl. Bernd-Lutz Lange darf als sächsische Humor-Institution bewertet werden, er gehört zu den Gründungsmitgliedern des Kabaretts Academixer und sammelte Sachsenwitze wie die Gebrüder Grimm Märchen. Noch mal was aus seinem großen Lachsack:

Zu Hause:

Ein Sachse hört in der Wohnstube aus der Küche die geliebte Stimme seiner Gattin: »Gerhard, sidzd Du edwa of dem neun Schesslong.« Herbert: »Nee, ich sidze offn Boden.« – »Gud, dann schlach aber den Debbsch zurigg.«

Oder:

Eine Sächsin hat zu Hause ihre neue Nachbarin zum Kaffee eingeladen. Nach zwei Stunden sagt die Nachbarin: »Meine Liebe, es ist so schön bei ihnen, und ihr Kuchen schmeckt so gut, dass ich schon drei Stück gegessen habe.«
Darauf die Sächsin: »Fiere, meine Gude, fiere, aber wer zähld denn schon mid.«

Auf dem Marktplatz:

Zwei Sachsen schlendern in Dresden über den Altmarkt. Da kommt plötzlich ein japanischer Tourist auf sie zugeeilt und fragt in perfektem Deutsch nach dem Weg zur Waldschlösschenbrücke. Die beiden Dresdner gucken sich an und sagen nichts. Der Japaner wiederholt seine Frage in perfektem Russisch. Die beiden sagen nichts, schütteln nur den Kopf. Der Japaner wiederholt seine Frage in perfektem Englisch. Die beiden sagen nichts. Der Japaner fragt in Französisch und Spanisch. Die beiden schütteln nur den Kopf, der Japaner wendet sich enttäuscht ab und geht weg. Da sagt der eine Dresdner zu dem anderen: »Ni zu gloobn, was der für fiele Fremschbrachn gonnde.« Darauf der andere Dresdner: »Und? Hads was genidzd?«

Am Stammtisch:

Sagt der eine Sachse zum anderen: »Sach ma, darf ich dich ma was frachn?« Der andere Sachse: »Nadierlich Du darfsd mich alles frachn.« Der erste: »Aber es is ä bissl indiem.« Der andere: »Mir sin doch ä Diem, frach mich ruhisch.« Der erste: »Also, als mir gesdern am Schdammdisch saßn und du warsd ma für gleene Jungs, da had der Herberd gesachd, deine Frau, had der gesachd, wär im Bedde änne Granade. Schdimmd denn das?« – »Nu, die een sachn so und die andern so.«

Der Deutsche versteht den sächsischen Humor nicht. Warum? Ganz einfach: Der Sachse lacht so gern, vor allem über sich selbst. Jeder lacht sich selbst am nächsten.

Auf dem Fußweg:

Ein Sachse geht die Straße entlang, da kommt plötzlich ein Mann auf ihn zu und fragt: Sind sie Herr Krause? Da sagt der Sachse ja, und der Mann haut ihm mit der Faust voll in Gesicht und verschwindet. Der Sachse geht weiter, ein Nachbar kommt angerannt, will helfen. Da sagt der Sachse: »Na, dem habschs aber gegeben, ich heeße gar ni Krause.«

Der Sachse ist ein duldsamer Dulder, ein Haubold seiner selbst. Die Leipziger pflegen diesen Humor in ihren Kabaretts, pro Kopf verfügt die Stadt über die meisten komischen Theater in

Deutschland. Die Leipziger glauben nur an jene Statistik, die sie selbst gefälscht haben. Jedenfalls überleben seit Jahren Kabaretts wie Academixer, Pfeffermühle, Funzel, Leipziger Brettl, Theater Sanftwut und das Leipziger Central Kabarett. Und einmal im Jahr, immer im Oktober, treffen sich in all diesen Häusern die Humorarbeiter zur »Leipziger Lachmesse«, ein Festival zum Kaputtlachen.

Bekannteste Vertreter der sächsischen Humorkunst sind: Stumph, Steimle, Schubert. Drei Mal S vorn im Namen und Sachsen, ein Zufall? »Niemals!« So grätscht der Schauspieler und Kabarettist Uwe Steimle dazwischen, denn er behauptet in unregelmäßiger Reihenfolge, dass es keine Zufälle gibt. Alles hängt mit allem zusammen. Syrien, Amerika und Flüchtlinge, Heimat, Russland und Krieg. Und Frieden. Uwe Steimle geht auf die Bühne, singt gemeinsam mit dem Publikum das Lied von der »Kleinen weißen Friedenstaube«.

Und er besucht Erika Schirmer, jene Frau, die 1949 die vier Strophen für das Kinderlied textete. Der Schauspieler fährt extra nach Nordhausen, um die 89-jährige dichtende Kindergärtnerin zu treffen. Der 52-Jährige sucht im Kleinen das Große und findet im Großen das Kleine. Ihn treibt die Neugier nach Dingen, die das Damals überlebt und eine Zukunft haben. Der Dresdner provoziert, er polarisiert, so versteht er Kabarett. Wenn er wie in der WDR-Sendung »Mitternachtsspitzen« dem Kölner Publikum sagt, dass der Ossi klar im Vorteil wäre, weil er noch russisch sprechen könne und die Propaganda erklären würde, dass der Russe ja bald wieder hier sei, dann bekommt er Beifall und Kopfschütteln. Sein Spiel ist das Spiel mit sich als kabarettistischer Person und personalisiertem Kabarettisten. Darin bestehen sein Erfolg und sein Verhängnis. Die Verwechslungskomödie gehört zu seinem Schauspielerleben. Er sagt: »Als Kabarettist kämpfe ich für Gerechtigkeit.« Was gerecht ist, legt jedoch er fest. Und unterschätzt zu werden gehört zu seiner Strategie. »Mir schdelln uns gern dümmer als mir sin«, sagt Steimle. Doch sein Geduldsfaden reißt ihm viel eher, als beim geduldigen Sachsen üblich. Er sagt:

> Wenn eener dumm geboren wird, da kann er nischd dafier. Aber wenn er ooch noch blöde schdirbd, dann muss er ganz schön dämlich sein.

Olaf Schubert dagegen spielt seine Figur als zweites Ich. Er windet sich rührselig in Wortakrobatik, verknäult sich im Dialekt, verstrickt sich in merkwürdiger Unlogik, vertickt Absurditäten. So ist der Sachse: fleißig, rührig, wendig, undurchschaubar und zu jeder Verunsicherung bereit. Vor allem zur eigenen. Schuberts Pullunder macht ihn lächerlich und scheinbar ungefährlich. Aber wer genau hinhört, wird eines Heiteren belehrt. Der Komödiant, wie schön das klingt, behauptet von sich, gar kein speziell sächsischer Typ zu sein, sondern einfach ein Typ. Er sagt:

> »Humor sollte vor allem eins sein: komisch. Da Sächsisch allgemein ja schon ziemlich lustig klingt, ist unter Umständen ein Satz wie `Dort liegt der Löffel!` schon erheiternd. Der Sachse ist ja immer irgendwie das Ostbrot schlechthin.«

Das ist Philosophie, die der Sachse mag, und dann lächelt er herrlich. Und andere denken: Warum lächelt der? Hat er nicht alle Steine auf der Schleuder, oder lacht er mich aus? Der Sachse aber hat weder einen Hang zur Anstalt noch lacht er über den anderen, sondern er lacht über sich. Aber weil ihm die anderen das nicht glauben, wird er noch lächerlicher. Er zweifelt an seiner Existenz und erduldet sein Schicksal, aber sucht stets einen Ausweg. So wie Schubert.

Der Pullundermann arbeitete sich konsequent von den einsamen Hinterzimmerbühnen in der Provinz in die Comedy-Formate dieses Landes bis zu den überfüllten Hallen in den Großstädten. Im Quatsch-Comedy-Club erlangte er Anfang der 2000er-Jahre mit seinen gedrechselten Flachsraketen des komplexbehafteten Kleinstadtneurotikers erstmals deutschlandweite Aufmerksamkeit, bis ihn der WDR nach Köln zu NigthWash holte und das junge Fernsehpublikum ihn als Newcomer feierte. Dabei hatte der angebliche Nachwuchskandidat schon Jahre Erfahrung auf der Strickware, tingelte schon in den 1990er-Jahren als Betroffenheitslyriker durch die Clubs, spielte vorher bereits mit seinen treuen Freunden in der Band »Dekadance« und rockte als Michael Rock mit den »Rockys«. Inzwischen sitzt er in der heute-Show neben Oliver Welke und erklärt die unerklärliche Welt, aber zugleich trifft die Fangemeinde ihn in der Dresdner Neustadt, wo er jährlich sein zum Kult gewordenes Krippenspiel zelebriert. In dem Dresdner Szeneviertel läuft seit 2014 im Monat März das Satirefestival »Humorzone«, initiiert von Schubert, der hier Skurrilität zur Kunst erhebt und um sich sämtliche Comedians deutscher und eingewanderter Art versammelt. Er moderiert außerdem Galas, präsentiert nicht nur sein Olaf-TV, sondern die eigene Satire-Sendung im MDR und steht genauso vor der Semperoper und fabuliert über Wagner.

> »Wagner, ein Sachse, aber ein Unterschied zu Vivaldi wie Blockflöte zu Stalinorgel. Sooo.«

Das würde der Senior im sächsischen Dreierpack, Wolfgang Stumph, nie sagen, aber seine Humorfrequenz schwingt ähnlich, auch wenn das auf den ersten Bick nicht so scheint. Der Kabarettist spielt ebenfalls das sächsische Lachopfer, das sich freiwillig opfert. Er macht sich lächerlich, um mit vorgetäuschter

Schwäche durchzukommen. Wer den 69-jährigen Kabarettisten gesehen hat, wie er in dem Til-Schweiger-Film »Keinohrhase« als Taxifahrer an seinen Kollegen vorbei fährt, ihnen zuwinkt, weil er glaubt, clever zu sein, aber die anderen spüren: Er ist der geborene Teilzeittrottel, dann hat das absolutes Scherzpotential. Stumph kam nach dem Krieg als Flüchtlingskind aus dem heute polnischen Radków nach Dresden und inhalierte sofort die hiesige Mentalität einer geschickten Anpassung. Das manifestiert sich in dem Wort »muddeln«. Denn muddeln gehört zu seiner Strategie. Da tut er was, aber weder zielstrebig noch mit einem spürbaren Verbrauch an Energie. Er macht ganz aktiv nichts. Mit seiner vorgetäuschten Emsigkeit treibt er jene, die nicht muddeln, in den Wahnsinn. Das scheinbare Beschäftigtsein trägt einen Leitsatz vor sich her:

Mir wärn schon machn, das nischd wird.

Denn muddeln ist, bewusst eingesetzt, passiver Widerstand, um groben Unfug zu überleben. Es funktioniert wie Meditation und ist die Fähigkeit, unangenehme Zeiträume mit erfindungsreicher Anpassungsgabe unbeschadet zu überstehen. Das hat der Sachse perfektioniert.

Es ist diese Mischung, die Stumph in seinen Rollen immer wieder spielt. In der DDR feierte er Erfolge im Kabarett und als die Mauer fiel, da startete er mit 44 Jahren mit dem Film »Go Trabi go« noch einmal richtig durch. Ein Glücksfall für den Sachsen, der bis heute 30 Spielfilme drehte, mit der ZDF-Serie »Stubbe« beste Quoten brachte und eine Ausstellung von Publikumspreisen besitzt, wie andere Schützenpokale. Allein den Publikumspreis »Goldene Henne« bekam er seit 1996 fünf Mal, so oft wie Helene Fischer, was einiges über seine Popularität aussagt. Stumph ist sein eigener Manager, er traut vor allem sich selbst. »Ich will nichts mit mir machen lassen, sondern mitmachen«, sagt er. Er spricht für sich, muss sich immer erklären. Auch in seinem Dresden, dort, wo alles anfing. Wer aus der Stadt herauswächst, der muss mit Skepsis rechnen. Stumph weiß das. Vor allem aber will er selbst die Geschichten aus seiner Heimat erzählen, um nicht von anderen hören zu müssen, wie er hier gelebt hat. Das treibt ihn an. Das ist anstrengend. Für ihn und für andere. So aber geht Stumphsinn. So geht sächsischer Humor. Der hat seine Ursachen. Zum Beispiel in Wurzen. Da sagt einer:

> Die dünne Frau sitzt angesichts der Magerkeit beinah auf nichts.

Sagenhaft:

> Die dünne Frau kann vorn und hinten oft selbst nicht ihre Teile finden.

Pardon, aber diese Sätze gehören zur sächsischen Weltliteratur. Joachim Ringelnatz schrieb sie in Wurzen auf, vermutlich bei Wasser und Keks. Die Grundthese seiner Betrachtungen über Frauen heißt:

> Die dünne Frau in der Hand ist besser als die dicke auf dem Dach.

Eine andere Gewichtsklasse:

> Wenn man an dicken Frauen tastet, dann spürt man erst, was sie belastet.

Interessant. Wurzen ehrt den Sohn der Stadt mit einem Ringelnatz-Museum inklusive des legendären Seesacks von Kuddel Daddeldu. Auf dem Markt steht ein Brunnen samt weinenden und lachenden Wasserspuckern. Außerdem existiert ein

Ringelnatz-Rundweg. Eine lachhafte Strecke mit einem unvergesslichen Reim:

Ein Komiker von erstem Rang,
Ging eine Straße links entlang.
Die Leute sagten ringsumher
Hindeutend: »Das ist der und der!«
Der Komiker fuhr aus der Haut
Nach Haus und würgte seine Braut.
Nicht etwa, wie von ungefähr,
Nein ernst, als ob das komisch wär.

Dem Lachsachsen begegnet der Deutsche auf heiterste Art nicht weit von Dresden in Pirna im Tom Pauls Theater. Der Namensgeber und Schauspieler schuf hier ein Refugium der sächsischen Seele. Hier wird alles gespielt, auch Hochdeutsch. Tom Pauls Sinn für sächsischen Humor verschafft ihm eine unzertrennliche Dauerbeziehung zum Publikum. Der Schauspieler also muss wissen, wie sächsische Heiterkeit funktioniert.

Worauf beruht denn der sächsische Humor?

Der Sachse ruht in sich, darauf beruhen seine Weltsicht und sein Humor. Er kann abwarten, hat keine Eile. Und er macht aus allem das Beste, bastelt sich seine Welt nach seinem Bilde. Der Gemütszustand des Wohlbefindens wird sogar in der sächsischen Fahne gezeigt, mit dem Grün der Beruhigung und dem Weiß der Kapitulation. Aber wenn etwas über seine Hutschnur geht, dann wird er itzsch, also zornig, ja wütend.

Gibt es wirklich wütende Sachsen?

Ich weiß nicht, aber ich stelle es mir furchtbar vor. Und genau dieser Widerspruch zwischen legendärer Friedfertigkeit und gewaltiger Revolutionserfahrung bringt den Witz. Er verbirgt sich in der Widersprüchlichkeit des sächsischen Wesens, das schwankt zwischen gefühlter Demütigung und geübtem Aufbegehren. Aber an sich bleibt er ganz gemütlich.

Überschreitet der Sachse gern Grenzwerte?

Er gefällt sich nicht nur in seinem ausgeruhten Verhalten, sondern ebenso als Verbal-Provokateur. Er überschreitet gern mit Vorsicht die Grenzwerte, was andere grenzwertig finden. Der Sachse ist voller Ideale, und sein Humor entsteht aus der Steighöhe zwischen Wirklichkeit und Ideal. Und weil der Sachse noch Ideale hat, die die Wirklichkeit infrage stellen, fallen ihm Witze ein. Lächerlich schön.

Müssen sich andere davor fürchten?

Jein. Der Zorn wie der Humor des Sachsen ist zuerst gegen ihn selbst gerichtet. Am liebsten forhohnebibelt, also veralbert sich der Sachse selbst. Aber das hat natürlich Grenzen, denn nicht umsonst musste 1918 der sächsische König seinen Thron verlassen und 1989 das Politbüro. Aber oft fürchteten sich die Sachsen vor anderen. Sachsen wurde mehrfach kleingemacht, und um nicht völlig unterzugehen, schuf sich der Sachse eine Strategie, nicht aufzufallen, sich ruhig zu verhalten, aber dennoch fleißig sein Land aufzubauen. Er verblüfft oft, weil keiner so richtig mit ihm rechnet.

Warum lachen schon alle, wenn er nur anfängt zu reden?

Weil sein Dialekt in den Ohren der anderen so komisch klingt. Dä Gusche zu schbidzn widerschbrichd dem Säggs'sch. Hier lässd mor dä Wogale breed, weech und lässch über de Libbn loofn, bis alles naus is. Die harte deutsche Befehlssprache wird lieblich und angenehm, irgendwie französisch. Sächsisch ist so schön, weil mir es selber quatschen. Es kommt so weich rüber und entbehrt scheinbar alles Heldischen. Und da Sachsen lange zu den Verliererländern gehörte, 1815 geteilt wurde, dann in den beiden Weltkriegen stark litt, danach im Sozialismus ab 1952 sogar aufhörte, zu existieren, verband sich die Sprache immer mit Verlieren, es war die Sprache der Nichtgewinner. Und wer will schon am Ende der Nahrungskette stehen?

Sind die Sachsen immer noch Verlierer?

Nein. Der Sachse hat längst verstanden, dass er sich für sich und seinen Dialekt nicht schämen muss. Sein Selbstbewusstsein wächst in dem Maße, wie sein wirtschaftlicher Erfolg wächst. Und der wächst. Der Sachse ist schon immer erfinderisch, er schlängelt sich durch, bis er vorne wegläuft. Mal sehen, ob das die anderen schon gemerkt haben ...

Sächsischer Witz entsteht aus seinem unaussprechlich sinnigen Wortwitz, den der Sachse selbst auch komisch findet. Da kommen die anderen Deutschen oft nicht mit, weil die sächsische Ironie eine feine zwischentönige Angelegenheit ist. Noch mal Ringelnatz:

Wen mor dän säggsschn Dialägd
Ä bisschn dähnd, ä bisschn schdreggd,
Un schbrichdn noch ä bisschn drahnichr,
Dann häld en jeder fürn Schbanscher.

Der Sachse liebt es international, natürlich:

Ein Sachse fährt mit dem Bus nach Frankreich und freut sich schon auf die schönen Pariserinnen. Der deutsche Bus kommt am Eiffelturm an, die Frauen mit den roten Handtäschchen schauen herüber, sehen den Bus aus Deutschland. Der Sachse steigt aus, geht rüber zu einer der Frauen am Straßenrand.

Die Frau fragt: »Ah, Aleman?« Der Sachse: »Nee, nee – nur ich alleene.«

Keiner sonst findet oder erfindet solche Worte. Das ist Aufklärung. Doch der Sachse will nicht die anderen aufklären, sondern sich selbst erklären.

Eine Sächsin bestellte per Telefon eine Reise nach Porto. Sie sagt: »Einmal Bordo bidde.« Sie bekommt die Reiseunterlagen für eine Fahrt nach Bordeaux. Da ruft sie in dem Reisebüro an und sagt: »Ham Se mich nisch forschdandn, ich will nach Bordo.« Die Dame im Reisebüro: »Ja, ja – das habe ich verstanden, sie wollen nach Bordeaux.« Da sagt die Sächsin sauer: »Nee, ich buche jetzt um. Ich will nach Kaditz.« Sie bekommt ihre neuen Reiseunterlagen, diesmal geht es nach Cadies.

Die Doppeldeutigkeit der Sprache macht den Sachsen so uneindeutig:

»Gindor«, sagt der sächsische Vater zu seinen Kindern, »nennd eure Gindor niemals Gindor, sonsd gommen, wenn ihr Gindor rufd alle Gindor, nur nich eurer Gindor.«

Weltweit kommt es so zu Komplikationen:

»Überall off dorr Weld,« sagt ein Sachse in einer Kneipe zu einem italienischen Touristen, »überall gönn Griechn aus Römern dringn, aber nie andersrum. Nur in Saggsn gönn Römer ooch aus Griechn saufn.«

Ob Griechen ersaufen oder Römer aus Krügen trinken, das klären die Kabarettisten der »Herkuleskeule« auf dem Dresdner

Sternplatz. Da blickt der Autor und Ensemblechef Wolfgang Schaller über seine Lesebrillenränder, teilt seine schrägen Perspektiven mit dem treuen Publikum. Berliner Distel, Münchner Lach- und Schießgesellschaft und Herkuleskeule bilden die deutsche Achse des Scherzes. Politisch unkorrekt ballern sie ihre Pointen in die Wunden der Befindlichkeiten.
Sächsischer Humor schwingt bei der Herkuleskeule immer mit. Sie spiegelt das Wesen des Sachsen wider: Der denkt um den heißen Brei herum, aber er denkt. Aus den Abgründen seines Denkens gräbt er herrlichen Gelächter-Rohstoff aus.

Manchmal surrealistisch:

Spricht ein Sachse im Urlaub einen Mann an: »Sachn Se ma, sin sie nisch aus Dräsdn?« Der andere: »Nein, ich bin nicht aus Dresden. Sind Sie aus Dresden?« Der Erste: »Nee, isch ooch ni. Na, so ä Zufall.«

Manchmal unberechenbar:

Das Telefon klingelt. »Is dord dä eens, eens, eens, eens.« – »Nee, hier is dä elfe, elfe.« – »Ach, Endschuldschung, da bin ich falsch forbundn.« – »Machd nischd, das Delefon hadde sowieso grade geglingeld.«

Manchmal ornithologisch:

Ein Sachse geht in ein Haus, trifft einen anderen Sachsen. »Se wärn endschuldschn, wohnd hier in ihrem Haus ä gewisser Fochl?« – »Ja, in dorr dridn Edage, Rabe heesd dor.«

Manchmal musikalisch:

Treffen sich zwei Freunde. Sagst der eine: »Du, ich hab gar geene Zeid, ich hab gar geene Zeid, ich muss zur Quardeddbrobe.« – »Quardedd«, sagt de andere. »Wie fiel seidn ihrnd da.« – »Nu Dreie, mei Bruder und ich.«

Manchmal kulinarisch:

»Herr Ober, bidde ä Gaffee ohne Sahne.« »Es dud mir leid, mein Herr, Sahne is ausgegangn. Gann es ooch ä Gaffee ohne Milch sein?«

Der Sachse bleibt meistens höflich und formuliert Sätze in Bescheidenheits-Syntax. Er fragt nicht:

»Fährt dieser Zug nach Düsseldorf?« Nein, der Sachse vergewissert sich devot liebevoll, um seine Unsicherheit zu überdecken: »Se wärn endschuldschn, aber nach Dussldorf fährd dor Zuch wo ni?«

Alle Sachsen haben zudem eine ähnliche Rangfolge, ihre Begeisterung auszudrücken, wenn sie tatsächlich einer hinterm gemütlichen Ofen hervorlockt. Wenn der Sachse von etwas angetan ist, sagt er: »Das war ni schlechd.« Wenn er außer sich ist vor Freude, sagt er: »Ganns dä machn.« Aber wenn er stehend applaudiert, wenn er mit den Füßen trampelt, wenn er Zugaben fordert, wenn er tobt vor Entzücken, dann sagt er: »Das war ma was andres.« So humorvoll gemütlich ist der Sachse. Diese Geschichten erzählen in Dresden auch die Kabarettisten Manfred Breschke und Thomas Schuch in ihrem Theater am Wettiner Platz, nur 1.000 Schritte von der Herkuleskeule entfernt. Auch sie nutzen die Sprache zur komischen Unterhaltung, witzeln sich durch die Alltagsprobleme und kommentieren die kommunale Politszene und ihre merkwürdigen Machenschaften. Nebenan gibt es einen Bäcker und schon da spielt sich Kabarett ab:

Ein junger Mann betritt die kleine Bäckerei, grüßt freundlich und fragt: »Se wärn entschuldschn, Meesdr, genndn Se mir fielleichd, also wenns gehd, ä B baggn.« Der Meister: »Nu nadierlich, mach ich. Morsch is färdsch.« Am nächsten Morgen betritt der junge Mann die Bäckerei, grüßt freundlich und lässt sich das B zeigen. »Ooch nee, das is aber ni das ridschde B. Sie ham ja ä hardes B gebaggn. Ich wollde awwer ä weeches B, ich heese doch Baul.« Der Bäcker: »Machd nischd. Da bagg ich eben ä Neies, morsch is färdsch.« Am nächsten Morgen betritt der junge Mann die Bäckerei, grüßt freundlich und lässt sich sein B zeigen. »Ei forbibbsch, das is doch widder ni rischdsch. Sie ham mir ja ä gleenes b gebaggn und ich wolld doch ä großes B.« Der Bäcker: »Machd nischd. Da bagg ich eben ä Neies, morsch is färdsch.« Am nächsten Morgen betritt der junge Mann die Bäckerei, grüßt freundlich und lässt sich sein großes B zeigen. »Herrlisch, jädze ises schön. Genau so hab isch mirs gedachd. Was gosd es dänne?« Der Bäcker: »Een Euro zwansch. Ich wärds ihn glei noch einbaggn.« – »Och nee, das is ni nödsch. Ich ess es glei hier.«

Einer der besten Klassiker des sächsischen Humors heißt: Hans Reimann, 1889 in Leipzig geboren. Er war, wie die meisten Sachsen, ein kleiner Mann, dessen dritte Frau ihn um 20 Zentimeter überragte. Geschrieben hat er die »Feuerzangenbowle«, die mit Heinz Rühmann als Film fast jeder kennt. Für 5.000 Mark verkaufte er damals die Filmrechte seines Romans. Was für ein Witz. Noch heute streiten sich die Anwälte, wer wirklich der Bowle-Erfinder ist, weil sein damalige Schreibpartner Heinrich Spoerl, ein Rechtsanwalt, gern alle Rechte für sich beanspruchte. Der Autor Reimann hat mit einem Satz die tiefe Philosophie des sächsischen Witzes großartig beschrieben:

Wenn mor ä Baar Ladschn had, un eener is weg, und mor had bloß noch den andern, dann nudzn een alle beede nischd.

Der Schriftsteller ist mit seiner Haltung nicht unschuldig am Bild des Sachsen, denn er war nicht nur der personifizierte Opportunist, sondern sammelte die Geschichten über den Geenisch, den Letzten, Friedrich August den III. Reimann hörte den Sachsen zu, notierte Anekdoten über den Monarchen, oder wenn er Scherze hörte, schrieb er sie dem obersten August zu. Die Geschichten über ihn erzählen sich die Sachsen nach wie vor gern, weil der Monarch so quatschte wie sie und eine naive Dämlichkeit vor sich hertrug, mit der er sich klug durch den Dschungel der Macht navigierte. Mit allem Drum und Dran:

Der König sitzt in der Oper, am Ende des Stückes fragt er die Sopranistin: »Und, wie findn Se dä Agusdig hier.« Die Sängerin: »Sehr gut, Eure Majestät, sehr gut.« König: »Und warum ham Se dann so rumgeblägd?«

Und:

Der König besucht das Schauspielhaus, es gibt Hamlet. Ein Darsteller nach dem anderen stirbt. Dann ist Schluss. Der König sitzt noch immer da, er will einfach nicht gehen. Da tritt der Adjutant zu ihm und sagt: »Das Stück ist zu Ende, Majestät.« König: »Das weeß ich ooch, ich warde nur dadroff, dass se dä Soffleuse ooch noch abmurgsn.«

Und:

Bei einem Ausflug von Friedrich August mit seinen Kindern fehlt aus gesundheitlichen Gründen die strenge Erzieherin. Es gibt Kaffee, und der König sagt zu seinem Nachwuchs: »Heide fehld dä Fridschn, heide därf mor didschn.«

Und:

> August war noch Prinz, da besuchte er Kaiser Wilhelm in Berlin. Der Kaiser empfing den künftigen sächsischen Monarchen herzlich und meinte, dass er sich freue, dass August die Strapazen der Reise von Dresden nach Berlin auf sich genommen habe, um ihn zu sehen. August wehte bescheiden ab und sagte: »Ach, es glabbde grad so schön mid dor Hunde-Ausschdellung.«

Und:

> Der König ist im Manöver. In einem Dorf lässt er sich rasieren. Der alte Barbier ist furchtbar aufgeregt und schneidet dem König ins Kinn. Der sagt darauf: »Das gommd vom Saufn, mei Gudsdor!« Der Barbier: »Jawohl, Majestät, dor Algohol machd die Haud schbröde.«

Reimanns Nachlassverwalter Harald Dzubilla wohnt in Ahrensburg bei Hamburg. Da verbrachte der Schriftsteller seinen Lebensabend. Harald Dzubilla erlebte den Sachsen als kleiner Junge als seinen väterlichen Freund. Einmal schmiss Reimann ein Zwei-Mark-Stück den Weg entlang, und die Jungs aus der Nachbarschaft rannten wie die Windhunde hinterher. Lustiges Spiel eines alten Mannes, der seine Seele mit Alkohol oder Morphium betäubte. Ihn quälte seine Angepasstheit während der Nazizeit, sein Aufsatz mit dem Vergleich zwischen jüdischem und sächsischem Humor, bei dem er sich vergriffen hatte und plötzlich als antisemitisch galt. Er lebte die Angepasstheit eines Sachsen, der später bereute, angepasst zu sein. Ja, das Bereuen ist dem Sachsen sehr eigen. Auch daraus entsteht sein Humor, der ihm helfen soll, seine Eigenarten zu verdauen.

Der Karikaturist Beck

Der bestellte Witz

Beck zeichnete einen Typ, der mit einer Schokolade in der Hand telefoniert. Er bebilderte den alltäglichen Wahnsinn, weil er auch mal dazugehören wollte. Der Leipziger besitzt nur ein altes mobiles Klappgerät aus der Vorsmartphoneproduktion. Der heute 57-Jährige wurde deshalb das Gefühl nicht los, dass er ohne die Lizenz zum Touchen immer mehr zum Außenseiter abglitt. Ein Krankheitsbild, das inzwischen viele trifft.

Becks Selbsttherapie heißt Malen. Er zieht sich mit Papier und Stift aus der täglich drohenden Depression des Alltags, der bei ihm morgens mit einer Runde Laufen oder Staubsaugen beginnt. »Das nenne ich Freiheit«, sagt er. »Ich tu' irgendwas Sinnloses und kann über den Sinn des Lebens nachdenken.« Es kann auch sein, dass er - äußerlich ganz ruhig - seinen Kater streichelt, aber in ihm ein Krater brodelt, weil ihm nichts einfällt. Aber er muss ran. Er arbeitet nach dem Kapitalismus-Prinzip der Ausbeutung des Menschen durch den Menschen. Er besitzt Erfahrung, denn im Sozialismus war es genau andersrum. Deshalb weiß er, dass schon Ostgeld nicht gearbeitet hat. Oder hat jemand schon mal einen 10-Mark-Schein mit einer Schippe in der Hand gesehen? Nein, auch der hat sich gedrückt.

Nur damals bei Honecker, da ging es viel direkter zu. Da reichten sich die Arbeiter zur Frühschicht um dreiviertel sechs die Hände zum Morgenmuffelgruß, und dann ging es los mit der Suche nach dem Material. Die Arbeiterklasse saß fünf Minuten später zur zweiten Frühstückspause da und wusste: Alle Räder stehen still, weil mein starker Arm es will. Beck streichelt noch immer den Kater und denkt an heute, wo sich maskulines Personal dreiviertel beziehungsweise viertel vor Neun lächelnd umarmt, um dann gemeinsam in einen Termin zu gehen und sich gegenseitig upgraded mit einem Diskurs zum Thema: Was macht das mit uns?

Der Karikaturist denkt an die Smartphone-Träger und warm duschenden Weichgesichter, an die Windeln wechselnden Babyurlaubnehmer, die volles Verständnis entwickeln für ihre arbeitende Frau, Spül- und Waschmaschine gleichzeitig bedienen, während sie die Ökodaten ihres Volkswagens berechnen. Dieser Tofu im Fleischwolf lässt sich in Sicherheitszonen einlullen und hofft, dass er nach und nach systemrelevant wird, damit ihm sein 18-Prozent-Dispo erhalten bleibt. Beck betrachtet Deutsche, die mit Hoffnung auf Abwechslung Frauentausch gucken oder auf dem Flachbildschirm sehen, wie schönheitschirurgische Armutsgestalten die Ausreise aus Deutschland planen, ohne zu merken, dass sie schon in diesem Augenblick keiner vermisst. Der Nachwuchs frisst sich inzwischen vor dem Computer mit Big-Mac-Pizza-Döner voll, bis er kurz vorm Platzen bei Biggest-Loser einen Klinikplatz ercastet, um sich auf Kosten der Gesundheitskasse das angefütterte Fett quotenträchtig abzuquälen.

Beck zieht Ideen aus dem Widerstand gegen diese telegenen Katastrophen. Er malt am liebsten auf Bestellung. »Ich bin eigentlich nicht witzig, aber wenn ich muss, dann geht es«, sagt Beck. Er liefere bestellte Witze wie andere Essen auf Rädern. Offensichtlich schmeckt seine Humorkost, denn seine Abnehmer sitzen beispielsweise bei der Wochenzeitung in Deutschland und der Schweiz.

Seine kantigen, ungelenken Figuren wirken, als seien sie gerade bei »Mensch ärgere Dich nicht« rausgeflogen. Beck hat den Deutschen im Blick und trifft seinen Nerv. Am liebsten würde er wohl noch schneller zeichnen, damit er nichts von diesen absurden Menschen um sich herum verpasst. Er ist ein Aufschnapper, der seine Sprechblasen nur flüchtig krakelt, aber die Botschaft kommt an. Er klickt richtig. Ihm fällt immer etwas ein. Egal ob Problemzonen oder Notschlachtungen, Parallelgesellschaft oder Fußballfieber, Rente, Klimakatastrophe oder Abhörskandal. Der Mann hat zu allem was zu zeichnen. Am besten ist er jedoch, wenn er die vielfältigen Beziehungen zwischen Mann und Frau dokumentiert.

Der gebürtige Leipziger zog als Kind mit seinen Eltern nach Zeitz, dann ging er zum Studium an die Kunsthochschule Berlin-Weißensee. Da war er Mitglied der SED, aber trat aus der Partei aus und durfte dann sein Studium nicht beenden. Er flog raus, arbeitete als Werbegestalter beim Konsum. Aber auch dort eckte er an. »Ich war halt anders, das kam nicht so gut an«, sagt er. Aber sich zu ändern, dazu hatte er keine Lust. 1987 begann er, selbstständig zu zeichnen, belieferte die DDR-Fernsehzeitschrift »FF. Dabei«.

Bis heute traut sich der Karikaturist jedoch nicht, sich Künstler zu nennen. »Ich fühle mich als Dienstleister«, sagt er. Seine Frau sieht das anders. Das Finanzamt auch. Seine Rechnungen addiert er mit einer Mehrwertsteuer von sieben Prozent, das ist der Künstlersatz. Aber von Amts wegen möchte er erst recht kein Künstler sein. Der Mann mit leicht schiefem Gesicht und dunklem Haar, das ihm über die faltige Stirn fällt, wehrt sich gegen die Zeitläufte und geht dennoch mit ihnen. Das ist sein Spannungsfeld, aus dem der Humor entsteht. Er sitzt täglich am Rechner, weil er von seinem Schreibtisch aus Anschluss zur Außenwelt sucht, weil er nach Nachrichten recherchiert, die er verzeichnen kann.

Aber er malt auf Papier, er braucht den Widerstand des Bleistiftes. Er muss die Niederkunft seiner Ideen fühlen. »Das geht nicht auf der Glasfläche eines Computers«, sagt er. Doch während er arbeitet, sieht er auf die Mattscheibe, klickt sich ins Internet, kommuniziert in sozialen Netzwerken. »Ich bin aber nicht bei facebook«, sagt er, um gleich mal klarzustellen, dass er sich nicht vereinnahmen lassen will. »Das ist gruselig.« Einige Monate lang tummelte er sich auch als Blogger im Netz, aber er hat es aufgegeben, sein Sendungsbewusstsein habe nicht ausgereicht dafür. »Ich hatte begriffen, dass ich da nur einer unter Milliarden bin. Dann sah ich ein Foto im Internet mit dem Spruch: Dein Blog liest eh kein Schwein. Da wurde mir einiges klar.«

Allerdings nutzt er stündlich das Internet, denn so bekommt er Reaktionen auf seine Karikaturen. Diese Rückmeldungen sind ihm wichtig, weil er dann schnell mitbekommt, ob etwas gut oder schlecht ist. Aber Beck unterwirft sich dem Urteil nicht. Dann, so meint er, würde er sich ja einer Mehrheit anpassen müssen. Aber das passt nicht zu ihm. Er pflegt sein Anderssein.

Beck
(www.schneeschnee.de)

Deutsches Phänomen 7
Ein Königreich für einen Grill

Es war einmal in einem Baumarkt. Ein Mann ging hinein, weil er einen Grill suchte. Er lief ein Stück und plötzlich befand er sich in einer Hotly-Lounge wieder. Er begriff das nicht sofort, denn was da vor ihm stand, glich Formel-1-Boliden. Die heißen Geräte präsentierten sich in bunten Farben, jedes trug einen Deckel, der aussah wie die Heckklappe eines 911. Rechts neben dem Designschriftzug glänzte ein verchromtes Thermometer. Es hätte der Luftdruckmesser der Feueratmosphäre oder die Anzeige für den Fettgehalt der Kolben sein können.

Der Mann war wie durch ein Wunder in die Welt des Master-Touch-Gourmet-Systems eingetreten und musste erkennen, dass er aus der Provinzbrutzelliga von vorgestern stammte. Er begann zu lernen, dass ein Grill nicht Grill heißt, sondern Event-Barbecue-Smoker, TecTake 3 in 1 oder Outdoorchef-Kugel-Classic-Charcoal mit Trichtersystem. Der besteht aus kohlenstoffarmem Stahl, besitzt eine Design-Front-Ablage und einen Bodenrost aus hochwertigem Eukalyptusholz. So stand es auf dem Begleitzettel, der hier Fire-Flyer hieß. Der Mann wagte es, zaghaft über den Spoiler des Charcoal-Hecks zu streichen, da erschien eine Baumarktfachexpertin in weißer Bluse und schwarzer Schürze und fragte: »Haben Sie das Gerät etwa angefasst!?«
Er hatte.

»Was wünschen Sie?«, fragte die Baumarktfachexpertin und zog über ihre Finger Handschuhe, auf denen Weber stand. »Einen einfachen Grill für den Garten, Frau Weber,« sagte der Mann und erntete einen Blick, der ihn ahnen ließ, dass es besser wäre, augenblicklich die Hotly-Lounge in Richtung Spatenabteilung zu verlassen. Doch er verharrte und erinnerte sich, wie es noch kürzlich in Gärten zuging. Da holten die Deutschen den Grill aus dem Keller oder Schuppen, fassten die Holzkohle, riefen der Lieben in der Küche zu, dass sie das Fleisch oder die Bratwürste bereithalten soll, und los ging es. Männer bespritzten Fleisch und Grill mit Bier, wenn das Feuer zu hoch flammte, und tranken den Rest aus der Flasche. Die Bratwürste mit Senf schmeckten anders als im Tiegel gebraten, weil der Rauch der Kohle aufstieg und weil es draußen auf der Terrasse oder vor dem Zelt immer anders schmeckt als drinnen. Grillen war eine Tätigkeit, die der Mensch tat, weil er Hunger hatte, weil es Sommer war und es auch Nachbarn schmeckte. Es kam die Zeit, da einige Fisch in Folien einwickelten oder Kartoffeln und dies auf den glühenden Rost legten. Aber irgendwie glaubte keiner daran, dass sich grundsätzlich an dem eigentlichen Zustand etwas ändern würde. Warme Luft zog nach oben, es kam zur Krustenbildung. Fertig.

Der Mann erinnerte sich, wie er mit Freunden Ende der 1980er-Jahre am Meer Ziegel übereinanderstapelte, darüber ein Blech legte, darunter gesammeltes Strandgut anzündete, und als es heiß war, die Miesmuscheln schmoren ließ, bis sie aufklappten. Alle aßen gemeinsam die salzigen Meeresbewohner mit etwas Weißbrot, tranken Wein, sangen Lieder. Und es war gut so. Es muss nicht immer Kaviar sein, dachte der Mann.

Und dann dachte er: Heute veranstalten Familien Grillpartys und recherchieren zuvor im Internet, ob tatsächlich feinstes Grillwetter dafür angekündigt wird. Wobei es Wetter an sich ja gar nicht mehr gibt, sondern nur noch Horrorhitze, Sturmwarnungen, Flutkatastrophen oder prognostizierte Grillhochs. Sollte eines davon über Deutschland schweben, muss vor dem Abendevent noch entschieden werden, ob mit Gas, Holz oder Strom geheizt wird, denn das führt zu erheblichen Unterschieden bei der Qualität und der Zeit. Außerdem ist zu klären, welcher Fisch, welches Fleisch, welches Gemüse oder ob ein ganzes Menü zubereitet wird. Nicht zu vergessen die Auswahl der Soßen. Die neuen Grillgerätschaften machen dem Fleisch zudem nicht einfach Feuer unter der Lende, sondern lassen es entsprechend des Rezeptes garen. Der Erfolg hängt nicht zuletzt entscheidend vom Accessoire ab. Auf den Grill kommt unter anderem der Spare-Rib- oder der Fisch- und Gemüsehalter oder ein Bratenkorb. Schon das Anzündmittel legt die Basis, ob gelingt, was gelingen muss. Schließlich gibt es eine Zwischen- und Endabnahme. Während der Zubereitung fotografieren die Teilnehmer, stellen die Bilder ihrer Würste auf Facebook und warten darauf, dass der Garzustand und die Größe auch anderen gefällt. Bei miesen Kommentaren kann es vorkommen, dass sämtliches Grillgut in die Tonne geschmissen und Pizza bestellt wird.

Fachzeitschriften erklären, wie, warum und mit welchem Hintergrund Open-Air gebraten wird. So erfährt der Mann, dass er sich nicht aus freien Stücken an das Heizgerät stellt, sondern weil er eine steinzeitliche Höhlenprägung besitzt, die durch frühkindliches unterbewusstes Freizeitverhalten Förderung erhielt. Das flackernde Feuer besitze eine tiefe evolutionäre Philosophie und das Tragen einer Schürze sei nur der Hinweis auf den Lendenschurz, der außerdem die feminine Seite des testosterongesteuerten Kerls offenbare. Der Mann erfährt, dass Grillen dem Boxen gleicht, dass es nur um Sieg und Niederlage gehe, dass der Ring das eigene Eingesperrtsein symbolisiere und der Rauch uns mehr zu sagen hat als viele Worte. Fernsehsender zeigen Kochshows, die abgehangenes Rindfleisch casten, das dann in einer 24-Stunden-Competition im Vergleich aller Bundesländer den Superbratenstatus erkämpft.

Warum einfach, wenn es auch kompliziert geht, heißt die Devise, die sich allerdings nicht allein auf das Grillen bezieht. Alles wird zum Kult erklärt. Sämtliche Lebensbereiche unterliegen zurzeit einem komplizierten Verkomplizierungsmechanismus.

Man braucht sich nur mal die unendlichen Angebote der Föhns, Kaffeemaschinen, Mixer, Staubsauger oder Wasserkocher anzusehen. In Autos übernimmt längst das digitale Hirn das Steuer und in der Anzeige liest der Fahrer permanent, dass er unbedingt die Werkstatt aufsuchen muss, weil der gerade gewechselte Rußfilter hustet. Längst weiß jeder, dass ein Chip die Fahrt zur Werkstatt steuert, um den Umsatz zu heben. Der Fortschritt führt zur Entmündigung des Individuums, das gerade erst den aufrechten Gang erlernte.

Die Baumarktfachexpertin erklärte dem Mann die One-Touch-Funktion des Performer Original GBS 57 CM Black, als er sich erneut sagen hörte, dass er nur einen einfach Grill erwerben möchte und nicht einen Hochleistungsofen für minimal 2.000 Euro. Da drehte sich die Baumarktfachexpertin wortlos um und ging. Der Mann lief zur Kasse und sah auf dem Weg dahin in einer Ecke den Restposten eines Rundgrills mit emaillierter Glutwanne für 20 Euro. Den nahm er. Der sollte den Grillabend überstehen. Und nächste Woche regnet es sowieso wieder.

KAPITEL 8

Die Vertreibung aus der Hölle

Calau, Saarland und der letzte Ulkrest

Irgendwo muss die Reise enden. Aber nicht in Sachsen oder etwa in Calau, wo die Kalauer wirklich herkommen. Zum Beispiel der eine von vielen, den Heinz Erhardt gern sprach:

Fährt der alte Lord fort, fährt er nur im Ford fort.

Oder der andere von den vielen:

Am Rheinfall erlebten die Rheinländer einen Reinfall.

Kalauer bewegen sich alle in der gleichen Alte-Herren-Scherzliga. Irgendwie lustig, ziemlich abgelagert, aber dafür mit mäßigem Humorgewicht. Kalauer eben, eine Art Lachgummi ohne Lach.

Kalauer sind die Buchstaben A bis J. Weil die alle auf das K lauern!

Und wo eigentlich liegt dieses Calau? In der südbrandenburgischen Oberspreewaldlausitz. Wo? Im Osten, Spreewald, hundert Kilometer vor Polen. Da steht auf dem Markt ein Herr aus Bronze mit einem Lachsack vor den Füßen, und durch die Stadt führt ein Witz-Rundweg.

Erstes Schild:

> Wo wohnen Katzen? Im Miezhaus.

Da wackelt die Katze samt Hütte, verdammt. Gekalauert wird allerorten. Miese Witze feiern deutschlandweit Hochkonjunktur, denn der kleinste gemeinsame Nenner schafft oft den größten gemeinen Effekt. Es werden deutschlandweit Fragen gestellt. Rolf Dobelli, Philosoph und Unternehmer (geht das?) aus Luzern (da geht das) entwickelte die Fragenstellerei zur Kunstform. Während Ben Schott ein Sammelsurium trivialen und seriösen Wissens anhäufte, wechselt Dobelli mit seinen Fragesätzen die Perspektiven wie andere nach diversen Umzügen die Aussicht aus ihren Mietwohnungen. Hier wird alles infrage und in Frage gestellt:

> Wie kommt das Schild »Betreten verboten« mitten auf den Rasen? War Hermann Hesse? Brauchen Fische Schuppenshampoo? Gibt es in einer Teefabrik auch Kaffeepausen? Macht man den Meeresspiegel kaputt, wenn man in See sticht? Kann man ein Damenfahrrad herrenlos rumstehen lassen? Warum laufen Nasen, während Füße riechen? Ist man länger tot, wenn man früher stirbt? Was ist das Gegenteil von Gegenteil?

Manchmal gibt es auf Fragen Antworten, aber nur um irgendetwas zu antworten und um die Logik zu schulen:

> Wie nennt man einen Bumerang, der nie zurückkommt? Stock.
> Was sucht ein Einarmiger in einer Einkaufspassage? Einen Second-Hand-Shop.
> Was fliegt durch die Luft und macht Mus Mus? Eine Biene im Rückwärtsgang!

Was macht man mit einem Hund ohne Beine? Um die Häuser ziehen.
Wie viel wiegt ein Hipster? Ein Instragramm.
Worauf verzichtet ein veganer Radiosender? Auf Ohrwürmer.
Wie heißt auf Deutsch ein italienischer Schnellkochtopf? Garibaldi.
Wie heißen in Deutschland in Honig eingelegte Eier? Methoden.
Was heißt DJ auf Arabisch? Machma Lala!
Wie nennt man auf Deutsch das Gemächt eines Elefanten? Dicktiergerät.
Was sagen die Nachbarn, nachdem der Spanner aus dem dritten Stock gestorben ist? Jetzt ist er weg vom Fenster.
Warum trinkt die Maus keinen Alkohol? Sie hat Angst vor dem Kater.
Wie nennt man Spagetti, in die ein Gebiss gefallen ist? Zahnpasta.
Wohin fliegt ein schwuler Adler? Zu seinem Horst.

Das sind miese Witze. Natürlich. »Miese Witze kehren den Nihilismus in der Gosse der Sprache zusammen«, schrieb Ulf Poschardt, als er das Buch »Was ist grün und steht vor der Tür? Ein Klopfsalat! – Miese Witze Vol. 1.« von Norbert Golluch rezensierte. Seine Miese-Witze-Sammlung arbeite mit der Ästhetik der Zumutung, schreibt der Rezensent. Ja, diese Flachdinger machen kurzen Prozess, sie bringen Effizienz in eine soziale Situation. Richtig so. Sie sind keine Spielverderber, sondern lassen das Spiel beginnen. Gelächter hebt die Stimmung, löst die Verklemmung. Und die Schublade ganz unten ist der Einstieg, um die verordnete Ernsthaftigkeit zu verlassen und irgendwann zu Esprit und Geist aufzusteigen. Der Deutsche will lachen, denn er muss, er will sich locker machen für das, was kommt. Denn da kommt was. Massenhaft. Und *die* Deutschen,

die wirklich mies sind, die keinen Spaß mehr verstehen, weil sie ihre Perspektive nicht wechseln können, weil sie Fragen nicht beantworten, weil sie nicht mal sich selbst infrage stellen, die lachen nicht zuletzt.
Der Kalauer meinte es früher übrigens sehr ernst. Denn dass der Name um die Welt ging, hing vor allem mit dem Schusterhandwerk zusammen. Stiefel aus, damals noch mit K, Kalau waren Kalauer. Doch als die Satirezeitschrift »Kladderadatsch« 1848 auf den Markt kam, veröffentlichte sie Witze unter der Rubrik »Aus Kalau wird berichtet ....«, das funktionierte im Prinzip so ähnlich wie miese Witze. Fast 100 Jahre gab es die Zeitschrift, da setzt sich so etwas durch.
In Calau endet die Fahrt also nicht. Das letzte Ziel liegt auf der anderen Seite, da wo Frankreich am Ende ist: Saarbrücken. Dort liegt nicht der Hintern der Republik, aber von da aus hat man einen herrlichen Blick drauf. Ein trocken gelegtes Feuchtgebiet. 42. Stelle der größten Städte Deutschlands. Und dabei verfügt das Land über keine einzige Großstadt, denkt man nicht an Berlin oder München, sondern an Kairo oder Moskau.
Saarbrigge also. Da wird gefragt: »Unn ...?« Das bedeutet je nach Tagesform »Wie geht es Dir?«, »Was macht die Arbeit?«, »Kommst Du mit in die Kneipe?«, »Bist Du jetzt geschieden?«, »Möchtest Du drüber reden?«. »Unn ...?« ist der Beginn eines möglichen Gesprächs mit einem Saarländer, denn der ist unschlagbar kommunikativ, unschätzbar herzlich, unendlich freundlich, ungemein höflich, unbegründet großzügig, unerfindlich schön.

Erste Regel: Lästere nie über einen Saarländer, denn sie kennen sich alle.

Deshalb kennen auch alle Saarländer die folgende Geschichte:

Ein junger Saarländer verirrt sich in Berlin. Da wird er gefragt, wo denn sein Vater sei. »Auf der Hütte«, antwortet der Junge. Und der Berliner sagte: »Ick weeß, meiner verdrückt sich och immer, wenns brenzlich wird.«

Der Berliner irrt mal wieder. Der Vater arbeitet, wie einst fast alle Väter im Saarland, in einem Stahlwerk. Apropos verdrückt. Der Saarländer kennt das Wort »verdrigge«. Aber da in jeder Mundart die Ökonomie des Sprechens eine große Rolle spielt, reicht oft ein Wort, um vieles auszudrücken. Im Saarländischen reicht »verdrigge« zum Ersten für »verschwinden«, zum Zweiten für »etwas essen«, zum Dritten für »falsch drücken« und zu Vierten für »umarmen«.
Die Umarmung erfolgt beispielsweise bei einer Einladung zum Schwenker. Und auch da reicht eine Vokabel, um einen ganzen Abend zu beschreiben.

Der Schwenker schwenkt den Schwenker samt Schwenker.

Das erklärt einiges. Man muss es erlebt haben, um es zu begreifen. Im besten Fall gibt es zum Schluss ein gegrilltes Stück Fleisch. Noch aufregender verhält sich der Saarländer bei einer Einladung zu einer »Bibbelschesbohnesupp« (Schneidbohnensuppe), einem »Grumbeereschdambes« (Kartoffelpüree) oder zum »Dibbelabbes«.

Zweite Regel: Frage einen Saarländer nie, was ein Dibbelabbes ist, denn er geht davon aus, dass das alle wissen.

Für alle, die es nicht wissen, also alle: Rein sprachlich übersetzt heißt es Topflappen, aber kulinarisch betrachtet bedeutet es Topfgericht, eine Mischung aus Kartoffeln und Zwiebeln, manchmal auch mit Lyoner.

Dritte Regel: Frage einen Saarländer nie, was ein Lyoner ist, denn er geht davon aus, dass das alle wissen.

Lyoner nennt sich eine Fleischwurst, eine Brühwurst ohne Einlage. Das Rezept stammt ursprünglich aus der französischen Stadt Lyon. In Lyon heißt der Lyoner Cervelas.

Vierte Regel: Erzähle einem Saarländer nie, dass Lyoner aus Lyon stammt, denn er geht davon aus, dass das keiner weiß.

Das »Unn ...« muss übriges zuerst der Saarländer sagen, er muss auf den anderen zugehen, sonst wird es nichts mit der Freundschaft. Wenn er dieses Aufforderungs-Unn von sich gibt, dann denkt er gleichzeitig: Ballawer die Migge! Deutsch: Meine Güte, jetzt geht es aber los. So wie in diesem Hotel, das so heißt wie Saarbrücken. Nach einem Lyoner drängen sich Außendienstler aller Länder abends an die Bar. Einer kommt aus dem Ort und sagt:

Is die Worscht weg, gebbts kee Worschdweck.

Was heißt das jetzt wieder? Das heißt: Ohne Wurst kein belegtes Brötchen. Aha. Der Ortansässige zieht plötzlich eine Liste aus seinem Jackett. »Unn ...?« Dann geht es los, was im Saarland selten endet oder nie. Er hat offenbar an der Bar einen Kasper geschluckt, erklärt die größten Erfindungen der Saarländer:

Da wären zum Beispiel der Opel Corsaar, der Saarg, das Saarnatorium, die Saarlami und der Saarkasmus. Zu den großen Persönlichkeiten des Landes zählen – Tusch – Gaius Julius Caesaar, der Saar von Russland, der Saarottimohr und Saarazin.

Der berühmteste Saarländer wird verschwiegen. Erich Honecker schickten sie ins DDR-Berlin, um den Osten abzuwirtschaften. Lafontaine schickten sie, um die Linken zu spalten und Nicole schickten sie, um ein bisschen Frieden zu besingen, bis sie alle besiegte.
Ihren humorvollsten Helden allerdings schoben die Saarländer einfach so ab, ohne Mission. Ganz nach dem Motto:

Wenn de net alt werre willschd, loss dich jung henke!

Frei übersetzt: Wenn Du nicht alt werden möchtest, dann bereite allem ein frühes Ende. Dabei darf der Unwohlstandsflüchtling als größter Botschafter saarländischer Lebensweise gewertet werden. Zumindest von den anderen. Der Ausgestoßene heißt Gerd Dudenhöffer, und ihm kommt das alles vor, wie die Vertreibung aus der Hölle, denn er blickt auf das Saarland wie ein Selbstmordattentäter auf das Starbucks an der Ecke. Nein, nein, um Gottes Willen! Dudenhöffer sagt: »Ich bin ein überzeugter Saarländer. Ich würde wegziehen, wenn es mir hier nicht passen würde. Ich komme mit den Leuten klar, ich find's schön, finde die Lebensart gut. Es ist nur schade, dass die Saarländer nicht stolzer sind auf das, was sie haben.« Er stellte sogar einen Teil der Regeln der Saarländer selbst mit auf. Zum Beispiel:

Fünfte Regel: Verabrede Dich nie mit einem Saarländer fürs Wochenende. Denn er fährt hämm und Du hämm ins Reich.

Bevor einer erschrickt, dass der Saarländer die schlimme Wortgruppe mit dem Heim, dem ins und dem Reich gesagt hat, muss der Besucher die sechste Regel kennen.

Sechste Regel: Der Saarländern nennt alles, was außerhalb des Saarlandes liegt Reich. Er meint es nicht so, wie Du denkst, dass er es meinen könnte, denn so denkt der Saarländern nicht.

Nach dem Saar-Regelwerk lebt Heinz Becker. Gerd Dudenhöffer verwandelt sich in einer langwierigen Prozedur Abend für Abend in diesen Mann, ja, der mit dem Hut und der Strickjacke, der für ess Hilde seit Jahren die Sterbehilfe befürwortet. Da muss noch mal kurz eine Regel eingeschoben werden.

Siebte Regel: Frauen brauchen nicht beleidigt sein, wenn der Saarländer ees Hilde oder ess Birgit oder ess Anja sagt, das ist liebevoll gemeint. Genau wie ees so oder dat lo, ääs do. Im Grunde heißt das sie, also diese junge, attraktive, begehrenswerte Frau.

Gerd Dudenhöffer jedenfalls befindet sich seit 1998 auf der Flucht. Wenn er an den typischen Saarländer denkt, fällt ihm dies hier ein: »Mmh, wat soll ich dann mache? Aach Gott, jetzt rääntʼs ach noch. Wat soll ich mache? Nä, nä, ich glaab, ich hann die Freck.« Eher pessimistisch seien seine Landsleute, irgendwie verschnupft. »Und immer in der Selbstverteidigung.« Der Heimatvertriebene kommt 25 Kilometer entfernt von Saarbrücken aus Bexbach, geboren 1949, und wohnt immer noch dort. Ganz privat, nie öffentlich. Ein Bundesbürger, der Saarländisch spricht, stoisch und doppelbödig und immer mit dem Hang zum pessimistischen Optimismus, aber einer, der die Bühnen des Saarlandes meidet. Der Gerd sitzt als Heinz auf den Brettern, die seine Welt bedeuten in Hamburg, Bonn, Mainz, Leipzig, Berlin, Hamburg, Dresden, Pirna, nur nicht in Sarre, das 1957 als zehntes Bundesland zur Bundesrepublik Deutschland stieß. Ein neues Bundesland, das Ostniveau noch nicht erreicht hat.
Dudenhöffer sei dumm und dumpf, deshalb schmutzbeladen und nicht repräsentativ für die Heimat, sagten Stimmen bei

einer Umfrage der Saarbrücker Zeitung. Sein Humor sei für das Land die Fortsetzung des Zweiten Weltkrieges mit beleidigenden Mitteln. Dudenhöffer reagierte damals und sagte: »In einem kleinen Land sind wenige Stimmen immer gleich viele. Das muss ich mir nicht antun.« Und weg war er.
Der Heinz Becker sagt, dass in der Garagengemeinschaft der Nachbar sich aufgeregt hat, weil einer an seinem Tor ein Hakenkreuz malte. Da hat der sich aufgeregt, weil es verkehrt herum gemalt war. Aber das sagt der Heinz, nicht der Gerd. Der Heinz ist deutscher Humor einer Kunstfigur. Dudenhöffer sagt: »Das versteht das Publikum im Osten, die verstehen, dass das eine Kunstfigur sagt und nicht ich. Im Westen denken die, das sage ich.« So nah geht manchen der Becker auf den Wecker. »Bei dem muss man im Sommer mit Glatteis rechnen.« Der redet nicht, der schwätzt dahin. Jedenfalls tat er das, als er sich mit der Familie in der Becker-Fernsehserie durch den Alltag simpelte. Dialoge zwischen Vadder und Mudder beschrieben die Szenen einer jahrelangen Ehe.

Sie: Saa nur. Er nickt. Sie: Loss nooo! Er schüttelt den Kopf. Sie: Awei awwer! Er: Yo alla.

Solche Dialoge kennt jeder, die müssen nicht übersetzt werden. Das Stadium des Dummschwätzers hat Heinz allerdings weitgehend hinter sich. Der weiß verdammt viel, der kennt sich aus, kriegt was mit, erklärt die Welt nach seinem Bilde und seiner Bildung. Redet über Syrien, Klimawandel, Osterweiterung und Euro-Krise. Das Saarland und das Saarländische, genauer das Rheinfränkische, sind nicht zentral, die Sprache ist Mittel zum Zweck. In Frankfurt zum Beispiel, da glauben manche fest daran, Heinz Becker sei ein Hesse. »Die Leute in Hamburg würden mich nicht verstehen, wenn ich Lokalkolorit machen würde«, sagt Dudenhöffer. Doch die

Leute verstehen ihn sehr gut. Wenn er Becker sagen lässt, dass ein Juwelier Türkisch lernen müsste, damit er beim Überfall weiß, was der Räuber will, dann geht ein Ruck durch Deutschland.
Dudenhöffer reist durchs Land und weiß, dass das Publikum in Sachsen oder Brandenburg auf der Stuhlkante sitzt und zuhört, lauscht, mehr wissen will. Im Saarland oder auch in Nordrhein-Westfalen da säßen die Besucher zurückgelehnt im Stuhl und möchten unterhalten werden für ihr Geld. Der Schauspieler beschreibt Humorunterschiede im Saal. 25 Jahre nach der Wiedervereinigung findet er Ost-West-Unterschiede, aber die hätten sich geglättet. Ein zunehmend einiges Lachland finde er vor. Anspruchsvoll, sensibel, neugierig. Deshalb bereitet sich Gerd Dudenhöffer penibel vor. Er schreibt seine Texte wie ein Uhrmacher, finisiert jeden Gedanken, präzisiert jede Syntax, graviert Satzzeichen und setzt zum Schluss die Unruh obenauf, denn die Zeit läuft nicht ruhig. Seine Figur überzieht die Wahrheit, bis sie platzt. Da dreht einer den Deutschen Humor ins Gewissen. Und das mit der Saarland-Abstinenz gilt längst als gegenseitig verletzte Eitelkeit.
Im Tom Pauls Theater in Pirna kommen beim jährlichen Becker-Auftritt Saarländer aus ganz Sachsen, feiern mit Saarlandflagge, Lyoner und lachen herzlich mit den Sachsen zusammen. Gerd Dudenhöffer sagt, er habe sich immer so ein Theater gewünscht, eins, das in der Heimat steht, das die Saarländer versteht, aber auch drübersteht und Kritik übersteht. So ein Haus für das Herz, das schlagen kann, weil es einer antreibt.

Ei jo, nee – es is jo nur, dass ma mo devon geschwätzt hann.

Die Fahrt nimmt kein Ende, denn Deutschland nimmt gerade Fahrt auf. Die Humorarbeiter absolvieren Dauerschichten. Nicht jeder hält das ständig aus. Einer verabschiedet sich gerade nach jahrelanger Permanentbühnenpräsenz in den einstweiligen Ruhestand. Seinen Mund redete er sich fusselig. Seine Sätze gleichen Stangen, mit denen er gegen Windmühlen kämpft, die er sich selbst in den Weg stellt. Volker Pispers, 1958 geboren in Rheydt, vereinigt mit Mönchengladbach, in jener Ecke, wo einer zornig werden kann, weil er ungerecht behandelt wird. Seine Auftritte wirken wie ein offenes Bankgeheimnis: »Nicht die Griechen sind schuld, das Bankgesindel regiert die Welt«, sagt er laut und vernehmlich. Der Mahner mahnt, während der Absahner absahnt. Pispers ruft: »Noch nie hatten so viele Deutsche Arbeit. Und noch nie konnten so wenige davon leben.« Er rechnet Fakten vor und folgt ihnen bis zur Empörung. Er beschreibt den Zustand und bekommt Zustände. Sein Humor beruht auf investigativem Kabarett, dem nicht immer alle folgen können:

> Man muss bis drei zählen können, um das zu begreifen. Aber dafür ist unser Schulsystem nicht geeignet.

Pispers empört sich, er sägt an den Nerven, bis er am deutschen Hauptschamknotenpunkt ankommt. Der liegt für ihn im Reichstag, und dort koste er

> Scheiße in unterschiedlichen Geschmacksrichtungen.

Das schmeckt nicht jedem. Denn unter der Gürtellinie liegt rein anatomisch kein Hirn, obwohl der Kabarettist behauptet, die meisten hätten sich mit dem Abfall ihres Geistes längst abgefunden. Er sagt:

> Bei Pegida sind nicht bloß Nazis, heißt es. Das stimmt. Manche sind bloß strunzdoofe Hohlköpfe.

Da liegt er richtig und daneben. Aber er gießt volle Kanne Pointenöl ins Feuer. Er wirkt nicht ratlos, aber rastlos angesichts einer Wirklichkeit, die selbst er mit seiner Hellsichtigkeit nicht mehr durchschauen kann. Der ewige Mahner verabschiedet sich ermüdet. Sollen mal andere ran, er kann nicht mehr, er hat alles gesagt, weil jeder alles sagen kann, aber es hilft ganz offensichtlich nicht. Er raste jahrelang mit Vollgas ins Leere, immer ein Ziel vor den Augen, aber nie erreicht. Sollen mal andere verzweifeln. Er kommt bestimmt wieder, aber er muss mal ausruhen, sein Energiekapital zur Bekämpfung der Kapitalenergie scheint vorerst aufgebraucht. Sollen mal andere ran.
Die anderen sind schon da, sie stehen Schlange, sie wollen rein, sie warten nicht mehr ab.

Jitel Ayse reist durchs Land und verbreitet ihre Meinung, die sie zu allem und jedem hat. Und nur ihre Meinung zählt. »Deutschland, wir müssen reden«, ruft sie dem Publikum zu. »Deutsche sterben aus«, sagt sie und lässt sich von ihrem Freund Ayak gern schlagen. Der kauft ihr die Jacke mit den drei Streifen und will Kinder, so viele wie sie werfen kann. Er nennt sie »Integrationsnutte«, und die spielt sie voll aus, eine Mischung aus Ego und Opfer, eine türkische Antwort auf Cindy aus Marzahn. Immer wenn einer in Deutschland irgendwo hinkommt, da war sie schon da und nervt am Nerv der Zeit.

Deutschland nervt, immer Schreiben und Lesen lernen.

Die Schauspielerin Idil Baydar, geboren 1975 in Celle, ist das Kind deutscher Einwanderer und entwarf ein Bild ihrer Generation, das aus dem Buch »Deutschland schafft sich ab« von Thilo Sarrazin entsprungen zu sein scheint. Baydar sagt:

»Du wolltest Deine Kanakin, jetzt kriegst Du sie.«

Worauf Pispers die Deutschen vorbereiten wollte, steht jetzt auf der Bühne und sammelte sämtliche Vorurteile, um sie großzügig auszuteilen. Sie nimmt die Klischees, um sie dahin zu ziehen, wo sie hingehören – ins Lächerliche. Schön, dass das Humorpinzip global funktioniert. Laut rammelt sie in Totalstress von Gag zu Gag, immer auf Kontra gebürstet. Ihre Empfehlung an die Deutschen lautet, schneller zu sein, endlich mehr Kinder zu produzieren, denn wenn es keine Deutschen mehr geben würde, dann hätten sie und ihre Freunde ja nichts mehr zu lachen. Das klingt nach Torschlusspanik, weil sie vielleicht irgendwann mit ihren Landsleuten allein sei in diesem Land. Dann könne sie ja auch gleich mit ihren Eltern wieder in die Türkei gehen. Die einen fluchen, die anderen flüchten, die nächsten geben auf, die übernächsten fangen an.
Lächerlich schön und kein Ende. Es geht los, gleich früh am Morgen, Fahrt durchs einige Land. Denn hier geht die Wonne auf. Immer die Seitenstraßen entlang, durch das Land des Lächelns. Deutschland macht lustig.

Deutsches Phänomen 8

Puppe auf der Autobahn

Im Verkehrsfunk ist von den Verlustdramen zu hören: »Achtung, Puppe auf der Autobahn.« Bis zu 17 Meldungen über verlorene Dinge laufen pro Tag über den Äther. Auf Platz eins der unbemerkten Verlierer liegt der Spanngurt. Der scheint oft so locker drauf zu sein, dass er gern mal seinen angestammten Platz verlässt. Dann kennt er keinen Halt mehr und sucht die Freiheit. Nach kurzem Höhenflug verendet er auf dem Asphalt, klemmt in der Mittelleitplanke, vergammelt im Straßengraben oder kommt unter die Räder. Der Hinweis auf sein Schicksal bleibt meistens nicht folgenlos. Denn hat sich einmal ein Spanngurt gelöst, gerät der Rest der Ladung ins Schwanken. So landen wenig später gewaltigere Teile auf den Spuren, die Deutschland verbinden: Paletten, Reifen, Schränke, Bierkästen, Milchpackungen, Papierrollen oder auch schon mal ein Dixi-Häuschen.

Eine verlässliche Abgang-Statistik existiert aber weder bei einer Autobahnpolizei noch bei den Landesämtern für Straßenbau und Verkehr. Aber an Beispielen mangelt es nicht. Erst kürzlich fand sich an einer Auffahrt zur A 4 eine Hollywoodschaukel. Ein Ehepaar hatte das Gartensofa im Baumarkt erworben, auf dem Hänger festgezurrt, aber nicht fest genug. In der Kurve kippte die Neuerwerbung von der Ladefläche und schaukelte plötzlich neben dem Standstreifen. Vielleicht war es aber auch ganz anders, und das Paar plante ein Leben auf der Überholspur.

Die meisten Abstürze ereignen sich übrigens an einem Donnerstag, die wenigsten sonntags. Das jedenfalls wollen zwei Informatiker aus Hessen registriert haben. Die beiden führten jahrelang auf ihrer Internetseite www.ladungsverlust.de Buch darüber, was alles auf Autobahnen verloren geht. 50.000 Meldungen des Verkehrsfunks listeten sie nach eigenen Angaben auf. Auf ihrem Protokoll befinden sich auch ein Lama und ein Känguru. Hunde gehören übrigens zur am meisten vergessenen Tierart auf deutschen Raststätten, egal ob an der A 13 oder der A 7. Auch Menschen bleiben zurück. Im Chat der Seite schreibt ein User namens Kapi:

> Dass ich meinen Mann irgendwo verliere, kann ich mir vorstellen, aber meinen Hund – niemals.

Die Autobahn gerät immer mehr zum zufälligen Abladeplatz der Wohlstandsgesellschaft. Teppiche, Kühlschränke, Fahrräder, Rasenmäher, Garagentore, Leitern, Surfbretter oder Skier landen in ungeordneter Reihenfolge je nach Saison links und rechts neben den Mittelstreifen. Weitere Fundstücke: eine scharfe Pistole, etliche Kfz-Kennzeichen, zwei lebensgroße Gummipuppen, Motorraldhelme, Handys sowie stinkende Schlachtabfälle.

Herren- und damenlose Schuhe scheinen es dort besonders schön zu finden. Vom Wandertreter bis zur edlen Sandale findet sich eine große Auswahl auf dem Asphalt. 30 bis 40 Schuhe werden jedes Jahr nach Schätzungen pro Bundesland aus dem Verkehr gezogen. Ein Grund könnte sein, dass viele Lastwagenfahrer ihre Treter wechseln, wenn sie beim Stopp auf einem Parkplatz an ihrem Fahrzeug verweilen, um Reparaturen zu erledigen oder Essen zuzubereiten. Da die Fahrer dafür meist ihre Kabinen-Leisetreter gegen Arbeitsschuhe tauschen, erklärt sich die muffelnde Massenware auf der Autobahn. Sie sind das Ergebnis der Vergesslichkeit. Oft werden die Schuhe beim Wechseln aufs Trittbrett gestellt, bleiben dort stehen und fallen nach dem Losfahren irgendwann runter. Ähnlich sieht es bei Stöckelschuhen aus, die Frauen für den Besuch der Raststätte überziehen und danach vor dem Wagen gegen Autoslipper tauschen.

Das feine Damenschuhwerk wird auf dem Dach zwischengelagert, aber eben oft genug als Flugobjekt dort belassen.

Gerade in der Urlaubszeit kommt es auf den Langstrecken zu den ersehnten Ferienzielen zu unfassbaren Verlusten. Auf der A 17 fand sich auf dem Weg nach Prag kurz vor der Grenze eine Puppe. Sofort stellen sich Fragen: Wer verlor sie? Welches Kind weint auf der Rückbank eines Kombis um seine Gefährtin? Oder warf der Nachwuchs das Spielzeug aus dem Fenster, um den Vater zur Umkehr zu bewegen? Warum ist die Puppe nackt? Wer wird sie finden? Kann man das Leben retten oder muss Püppchen elend neben dem Strich verenden? Die Autobahn als Friedhof der Kuscheltiere. Vermutlich darf das Kind an der nächsten Tankstelle irgendeinen überteuerten China-Plüsch-Vierbeiner erwerben, um endlich Ruhe zu geben. Doch das bleibt ein schwacher Trost für die Puppe, die schon immer der beste Freund des Nachwuchses war. Die gesamten Ferien wird Püppchen vermisst und auf der Rückfahrt am vermuteten Verlust-Kilometer eine Trauerminute eingelegt.

Spuren hinterließ kürzlich auch ein Bettgestell samt Matratzen und Laken. Studenten beluden das Auto der Eltern, um den Umzug zum Studienort zu bewältigen. Allerdings hatten die jungen Menschen ihre Schlafstätte nur mäßig auf dem Dachgepäckträger vertäut. Aus der Traum vom bequemen Semester-Lümmellager. Es machte sich selbstständig. Die abgeladenen Hürden auf dem Highway to Hell bilden eine Ursache für Staus. Bis die Betten abgeräumt sind, kann es schon mal eine Stunde dauern. Kleinteile bleiben auch oft liegen. Mittelstreifen bilden so gelegentlich kleine Müllschneisen, bis der nächste staatlich geförderte Saubermann kommt.

Die Autobahnabräumer nehmen Hemden von der Leitplanke, sammeln Turnschuhe und Kulturbeutel ein. Aber das mit großer Vorsicht, denn kein Autobahnfahrer bremst für Menschen, die versuchen, Restmüll zu retten. Erst kürzlich fuhr ein

43-jähriger Motorradfahrer von seinem Heimatort in die nächste Großstadt, um einen Gebrauchtwagen zu erwerben. Im Rucksack das gesparte Bargeld. Unterwegs öffnete der Fahrtwind den Reißverschluss und das Ersparte flatterte über die Dächer der nachfolgenden Karossen. Ein Mercedes kam angerast und leuchtete den Motorradfahrer an. Der dachte noch, was für ein Idiot, will der mich überholen – und gab Gas.

Serviceteil

Kapitel 1

Schöppenstedt
Till-Eulenspiegel-Museum
Nordstraße 4a
38170 Schöppenstedt
Telefon: 05332/6158
info@eulenspiegel-online.de

Kapitel 2

Witzenhausen
Gewächshaus für tropische Nutzpflanzen
der Universität Kassel
Steinstraße 19
37213 Witzenhausen
Telefon: 05545/981231

Erlebnispark Ziegenhagen
Ziegenberg 3
37217 Witzenhausen
OT Ziegenhagen
Telefon: 05545/246
info@erlebnispark-ziegenhagen.de

Ebergötzen
Busch-Mühle
Mühlengasse 8
37136 Ebergötzen
Telefon: 05507/7181
info@wilhelm-busch-muehle.de
www.wilhelm-busch-muehle.de

Frankfurt am Main
caricatura museum frankfurt
Museum für Komische Kunst
Weckmarkt 17
60311 Frankfurt am Main
Telefon: 069/21230161

Hannover
Wilhelm Busch
Deutsches Museum für Karikatur und Zeichenkunst Georgengarten
30167 Hannover
Telefon: 0511 16 99 99-11/16
www. karikatur-museum.de

TAK – Die Kabarett-Bühne
Stephanusstr. 29
30449 Hannover
Telefon: 0511/445562
mail@tak-hannover.de
www.tak-hannover.de

Kapitel 3

Witzwort
Roter Haubarg
Sand 5
25889 Witzwort
Telefon: 048 64 8 45
k.reck@roterhaubarg.de
www.roterhaubarg.de

Husum
Theodor-Storm-Museum
Wasserreihe 31
25813 Husum
Telefon: 04841 80 38 63 0
info@storm-gesellschaft.de
www.storm-gesellschaft.de

Hamburg
Theater Altona
Museumstraße 17
22765 Hamburg
Telefon: 040/39905870
www.altonaer-theater.de

Ohnsorg-Theater
Heidi-Kabel-Platz 1
20099 Hamburg
Telefon: 040 35 08 03 0
info@ohnsorg.de

St. Pauli Theater
Spielbudenplatz 29-30
20359 Hamburg
Telefon: 040 47 11 06 66
info@st-pauli-theater.de
www.st-pauli-theater.de

Alma Hoppes Lustspielhaus
Loenicker / Petersen Gbr
Ludolfstraße 53
20249 Hamburg
Telefon: 040/55565556
mail@almahoppe.de
www.almahoppe.de

Komödie Winterhuder Fährhaus GmbH
Hudtwalckerstraße 13
22299 Hamburg
Telefon: 040/4806800
info@komoedie-hamburg.de
www.komoedie-hamburg.de

Kapitel 4

Köln
Senftöpfchen
Große Neugasse 2-4
50667 Köln
Telefon: 0221/2581059
office@senftoepfchen-theater.de
www.senftoepfchen-theater.de

Hänneschen-Theater
Puppenspiele der Stadt Köln
Eisenmarkt 2-4
50667 Köln
Telefon: 0221/221-23283
haenneschen@stadt-koeln.de
www.haenneschen.de

Volksbühne am Rudolfplatz
Aachener Straße 5
50674 Köln
Telefon: 0221/251747
info@volksbuehne-rudolfplatz.de
www.volksbuehne-rudolfplatz.de

Karneval-Museum
Maarweg 134-136
50825 Köln
Telefon: 0221/5740076
veranstaltungen@koelnerkarneval.de
www.koelnerkarneval.de

Kapitel 5

München
Literaturhaus
Salvatorplatz 1
80333 München
Telefon: 089/2919340
info@literaturhaus-muenchen.de
www.literaturhaus-muenchen.de

Valentin-Karlstadt-Musäum
Tal 50
80331 München
Telefon: 089/223266
info@valentin-musaeum.de
www.valentin-musaeum.de

Lach- und Schießgesellschaft
Haimhauserstraße / Ecke Ursulastraße
80802 München
Telefon: 089/391997
info@lachundschiess.de
www.lachundschiess.de

Lustspielhaus
Till Hofmann GmbH
Occamstrasse 8
80802 München
Telefon: 089/344974
info@lustspielhaus.de
www.lustspielhaus.de

Schlachthof
Zenettistr. 9
80337 München
Telefon: 089/72018264
ticket@kultur-im-schlachthof.de
www.im-schlachthof.de

Kapitel 6

Berlin
Die Stachelschweine
Berliner Literarisches Kabarett GmbH
Europa-Center, Tauentzienstr. 9-12
10789 Berlin
Telefon: 030/2614795
info@diestachelschweine.de
www. diestachelschweine.de

Komödie am Kürfürstendamm
Kurfürstendamm 206/209
10719 Berlin
Telefon: 030/8859110
info@komoedie-berlin.de
www.komödie-berlin.de

Distel
Friedrichstraße 101
10117 Berlin
Telefon: 030/2030000
distel@distel-berlin.de
www.distel-berlin.de

Quatsch-Comedy-Club
Reinhardtstr. 6
10117 Berlin
Telefon: 030/27879030
info@seriousfun.de
www.quatsch-comedy-club.de

Wühlmäuse
Pommernallee 2-4
14052 Berlin
Telefon: 030/30673011
www.wuehlmaeuse.de

Kapitel 7

Leipzig
Academixer
Kupfergasse 2
04109 Leipzig
Telefon: 0341/21787878
info@academixer.com
www.academicer.com

Pfeffermühle
Katharinenstraße 17
04109 Leipzig
Telefon: 0341/9603196
Kabarett.Pfeffermuehl@t-online.de
www.kabarett-leipziger-pfeffermuehle.de

Funzel
Nikolaistraße 6-10
04109 Leipzig
Telefon: 0341/9603232
info@leipziger-funzel.de
www.leipziger-funzel.de

Leipziger Brettl
Odermannstraße 12
04177 Leipzig
Telefon: 0341/9613547
kartenbestellung@leipzigerbrettl.de
www.leipzigerbrettl.de

Theater Sanftwut
Grimmaische Str. 2-4
04109 Leipzig
Telefon: 0341/9612346
kontakt@sanftwut.de
www.kabarett-theater-sanftwut.de

Leipziger Central Kabarett
Markt 9
04109 Leipzig
Telefon: 0341/52903052
info@centralkabarett.de
www.centralkabarett.de

Wurzen
Ringelnatz-Museum
Domgasse 2
04808 Wurzen
Telefon: 03425/8560-405/407
museum@kultur-wurzen.de
www.kultur-in-wurzen.de

Pirna
Tom Pauls Theater
Am Markt 3
01796 Pirna
Telefon: 03501/5850-267
info@tom-pauls-theater-pirna.de
www.tom-pauls-theater.de

Dresden
Herkuleskeule
Sternplatz 1
01067 Dresden
Telefon: 0351/4925555
info@herkuleskeule.de
www.herkuleskeule.de

Kabarett Breschke & Schuch
Wettiner Platz 10
01067 Dresden
Telefon: 0351/4904009
ticket@kabarett-breschke-schuch.de
www.kabarett-breschke-schuch.de

Kapitel 8

Calau
Heimatmuseum Calau
Kirchstr. 33
03205 Calau
Telefon: 03541/800296
museum@calau.de
www.calau.de

Haus der Heimatgeschichte
Am Gericht 14
03205 Calau
Telefon: 03541/800296
museum@calau.de
www.calau.de

Der *Witzrundweg*
Anfragen an:
Calauer Info - Punkt
Cottbuser Str. 32
03205 Calau
Telefon: 03541/89580
info@wbc-calau.de
www.calauer.de